Wilhelm.* Schmidt

Schopenhauer in seinem Verhältnis zu den Grundideen des Christentums

Wilhelm.* Schmidt

Schopenhauer in seinem Verhältnis zu den Grundideen des Christentums

ISBN/EAN: 9783743430815

Hergestellt in Europa, USA, Kanada, Australien, Japan

Cover: Foto ©ninafisch / pixelio.de

Manufactured and distributed by brebook publishing software
(www.brebook.com)

Wilhelm.* Schmidt

Schopenhauer in seinem Verhältnis zu den Grundideen des

Christentums

chopenhauer in seinem Verhältnis zu den Grundideen des Christentums.

———•◦•———

Inaugural-Dissertation

zur

Erlangung der Doktorwürde

der hohen philosophischen Fakultät

der

Friedrich-Alexanders-Universität Erlangen

vorgelegt

von

Wilhelm Schmidt
aus Nürnberg.

———•◦•———

Erlangen 1894.
Druck der Universitäts-Buchdruckerei von E. Th. Jacob.

Inhalt.

Einleitung.

Die vorliegende Abhandlung entsprang der Absicht, die Uebereinstimmung der Philosophie Schopenhauer's mit den Grundideen des Christentums, sowie sie dem Leser sofort auffällt und von dem Philosophen auch stark betont wird, genau zu fixieren. Zu diesem Zwecke hielten wir es für nötig, das System unter bestimmte Gesichtspunkte einzuordnen; dass es dadurch keine Vereinseitigung erfahren, sollte die jedem einzelnen Abschnitte vorangeschickte, kurze Darstellung des betreffenden Teiles dieser Philosophie zeigen. Daran schliesst sich eine kurze Kritik des Vorgetragenen, welche stets so geführt ist, dass zugleich die Uebereinstimmungs- resp. Differenzpunkte der beiden Lehren daraus hervorgehen. Da Schopenhauer schon in seiner Grundanschauung über die Entstehung der physischen und moralischen Welt und von dem dadurch bedingten Verhältnis beider mit dem Christentum nicht übereinstimmt, so schien es ratsam, diese seine selbständige und nach unserer Meinung irrtümliche Anschauung dem ganzen Gedankengange zu Grunde zu legen und denselben stets wieder auf sie zurückzuführen.

Ebensowenig wie die Grundideen der Schopenhauer'schen Philosophie glauben wir die des Christentums vereinseitigt und damit entstellt zu haben; es liegt aber in der Natur der Sache, dass gerade diejenigen Stücke, welche den Hauptinhalt der christlichen Glaubensgewissheit ausmachen, hier fallen gelassen werden mussten, weil für sie kein Anknüpfungspunkt in dem Systeme des Denkers hätte gefunden werden können. Freilich kann einer solchen Behandlung

1

der Glaubensrealitäten des Christentums der Vorwurf gemacht werden, sie habe gerade den Kern der Sache unberührt gelassen; allein was hülfe es, mit dem über die Schmackhaftigkeit des Kernes zu rechten, der ihn unverdaulich findet? und zeigt denn nicht auch das Gewebe, in dem er ruht, die Gestalt des Kernes? Trotzdem wir so die oberste Gewissheit des Christenglaubens unberücksichtigt lassen mussten, glauben wir doch den Grundideen des Christentums, welche die Basis jener Gewissheit bilden, nicht Gewalt angethan zu haben. Dass nicht ein bestimmtes theologisches System zum Vergleiche herangezogen wurde, erklärt sich daraus, dass in Hinsicht der Grundlinien des Christentums, auf welche allein es hier ankam, überall da, wo man noch an dem geschichtlich gewordenen Christentum festhält und dasselbe noch nicht durch philosophische Spekulationen oder rationalistische Plattheiten ersetzt hat, Uebereinstimmung herrschen muss; denn die Züge der Geschichte sind zu deutlich, als dass sie missdeuten könnte, wer nur überhaupt ein · achtsamer Schüler dieser trefflichen Lehrmeisterin sein will.

· Um das Verhältnis Schopenhauer's zur christlichen Religion zu bestimmen, schien es schliesslich geboten, auch seine Anschauungen von dem Christentum zusammen mit denen von der Religion überhaupt beizufügen und in einem letzten Abschnitte die Abhängigkeit dieser Philosophie von Religion und Christentum anzugeben.

Man wird nun vielleicht fragen, woher der Verfasser das Recht zu dem beabsichtigten Vergleiche sich nehme und ob es ihm nur darauf ankäme, die längst bekannte Thatsache wieder einmal ans Licht zu ziehen, dass die Philosophie ihre eigenen und von der Kirchenlehre nicht selten abweichenden Wege geht? Allein wenn eine Philosophie, welche ihr vornehmster Fortbildner ein „Conglomerat mehrerer, einander meist widersprechender Lehren, die aus ganz verschiedenen Quellen stammen" [1]), genannt hat, als ein „regenerirtes.

---

1) S. E. v. Hartmann: „Philosophische Fragen der Gegenwart". Leipzig-Berlin 1885, p. 38.

geläutertes und auf unanfechtbarer wissenschaftlicher Grundlage aufgebautes Christentum" gepredigt wird [1]), so haben die A n h ä n g e r dieser Philosophie die Schranke niedergerissen, welche zwischen religiöser Weltanschauung und wissenschaftlicher Forschung mit Recht verlangt werden kann; ist aber diese Schranke einmal gefallen, so hat auch die Gegenpartei das Recht, den Eindringling, welcher sich als Freund und Gesinnungsgenossen ausgibt, auf die Wahrheit seiner Aussagen hin zu prüfen. Doch wird man darum nichts weniger erwarten dürfen, als eine Apologie des Christentums; die beiden Anschauungen sollen einander, allerdings nicht urteilslos, aber vorurteilslos gegenübergestellt werden, nachdem sie nun doch einmal als Weltanschauungen im Kampfe liegen, einem Kampfe, der in seinem letzten Grunde der in der Geschichte nicht zum ersten Male auftretende zwischen orientalischer Phantasiemystik und occidentalischer Glaubensseligkeit ist. Indem wir beide Weltanschauungen einander gegenüberstellen, erkennen wir von vorneherein eine gewisse Uebereinstimmung zwischen ihnen an; aber dass daneben auch bedeutende Differenzpunkte und zwar gerade in den wesentlichsten Problemen sich finden, wird die Darstellung zeigen. Auch einen Weg aufzuzeichnen, welchen diese Philosophie einschlagen müsste, um mit der christlichen Religion zusammenzukommen, darauf verzichteten wir; denn zu diesem Zwecke hätten wir, ähnlich wie einst Procrustes allen denen, welche ihm in die Hände fielen, dem Systeme seine eigentliche und wahre Gestalt nehmen müssen.

---

1) S. Paul D e u s s e n: „Die Elemente der Metaphysik". 2. Aufl. Leipzig 1890, p. IV.

I. Schopenhauer's Anschauungen von der Religion im Allgemeinen und vom Christentum insbesondere [1]).

Die Religionen verdanken ihren Ursprung einerseits dem untilgbaren metaphysischen Bedürfnisse des Menschen, andrerseits dem Umstande, dass nur sehr wenige die Wahrheit sensu proprio zu fassen vermögen, weshalb man sie ihnen wenigstens sensu allegorico, d. h. im Gewande der Fabel, mittelst eines mythischen Vehikels zugänglich machen muss, so dass die Religion zwei Gesichter hat, eines der Wahrheit und eines des Truges [2]). Somit sind die Religionen an sich zwar ein notwendiges Uebel, aber zugleich eine unschätzbare Wohlthat für das Volk; diese Wohlthat geht jedoch über in Schaden und Nachteil, sobald die Religion ihres allerdings vor dem grossen Haufen zu verheimlichenden allegorischen Charakters vergisst und sich der Aufklärung der Menge, aus deren Unwissenheit sie geboren wurde, entgegenstellt, in welchem Falle sie „mit möglichster Schonung" bei Seite geschafft werden muss [3]). Und dieses kann ohne Bedenken geschehen; denn es wäre kindisch, zu glauben, dass jemals übermenschliche Wesen unserem Geschlecht Aufschlüsse über sein und der Welt Dasein und Zweck gegeben hätten, da es keine andere Offenbarung gibt als die Gedanken der Weisen [4]).

---

1) Seine Anschauungen über diesen Punkt hat Schopenhauer an verschiedenen Stellen seiner Schriften niedergelegt, aus denen die folgende Gesamtanschauung zu construieren versucht wurde. Wie man aus den Citaten ersehen wird, wurde der Parerga II, 347—86 sich findende Dialog zwischen Philalethes und Demopheles nur da benützt, wo Zweideutigkeiten ausgeschlossen sind; Schopenhauer will ja in diesem Dialoge offenbar nicht die eine Partei allein in Anspruch nehmen, vielmehr sollen die beiden Anschauungen die gute und die schlechte Seite der Religion darstellen; vergl. ib. 386 die Anmerkung Frauenstädt's, nach dessen Ausgabe von Schopenhauer's Werken wir auch citieren.

2) Vergl. W. a. W. u. V. II, 181 ff.; 723; Par. II, 360 f.; 368 f.

3) W. a. W. u. V. II, 184 f.; Par. I, 160.

4) Par. II, 387.

Einen Ersatz aber für die Religion als eine Glaubenslehre kann nur die Philosophie als eine Ueberzeugungslehre bilden [1]; und dass die Philosophie noch einmal an die Stelle der Religion treten wird, dafür spricht schon dies, dass alles, was nicht, wie eben nur die Philosophie, gänzlich „aus dem unzerstörbaren Stoff der lauteren Wahrheit besteht" [2]), dem Untergange ausgesetzt ist. Bis dahin aber werden Religion und Philosophie, d. h. Glaube und Wissen sich verhalten wie die zwei Schalen einer Wage, von denen die eine in dem Masse sinken muss, als die andere steigt [3]), wie es denn die Geschichte auch bisher gezeigt hat. [4]).

Demnach hängt auch der Wert einer Religion, abgesehen von ihrer ethischen Tendenz, ab „von dem grösseren oder geringeren Grade von Wahrheit, den sie unter dem Schleier der Allegorie in sich trägt und von der grösseren oder geringeren Deutlichkeit, mit welcher dieselbe durch diesen Schleier sichtbar wird" [5]).

Was den Fundamentalunterschied zwischen den einzelnen Religionen betrifft, so liegt derselbe nach Schopenhauer in ihrer Anschauung von dem Wesen und Werte des Daseins, also darin, ob sie optimistisch oder pessimistisch sind [6]), so zwar, dass der Optimismus, ebenso wie in der Philosophie, so auch in der Religion ein aller Wahrheit den Weg vertretender Grundirrtum ist [7]), während der Pessimismus nicht nur die Wahrheit auf seiner Seite hat, sondern auch allein eine wirksame, den Geist der Askese atmende Ethik zu erzeugen und den Menschen von dem Elend dieses endlichen Daseins wenigstens auf eine relativ bessere Unendlichkeit zu vertrösten vermag.

So konnte und musste Schopenhauer seine Idealreligion

---

1) W. a. W. u. V. II, 181.
2) W. a. W. u. V. II, 723.
3) Par. II, 370.
4) Par. I, 202.
5) W. a. W. u. V. II, 186.
6) W. a. W. u. V. II, 187; Par. II, 415.
7) W. a. W. u. V. II, 719.

in dem weltflüchtigen Brahmanismus und Buddhaismus finden,
welche Religionen er um so höher schätzt, weil denselben
aller Theismus, der stets die wahre Moralität des Handelns
untergrabe [1]), fremd ist, während er über das „erbärmliche,
unsterblichkeitslose Judentum mit seinem πάντα καλὰ λίαν",
die „roheste und schlechteste aller Religionen" [2]), nicht müde
wird, sich in den schmähendsten Ausdrücken zu ergehen.

Die indische Religion wird, wie als die beste, so auch
als die Urreligion der Menschheit angenommen [3]); von dieser
soll zunächt die Zendreligion und aus dieser hinwiederum
das Judentum abstammen, welches jedoch nur die Seelenwanderungstheorie des Brahmanismus, allerdings abgeplattet,
in seinem Dogma vom Sündenfall festgehalten [4]); der aus
dem Judentum direkt hervorgegangene Islam ist ebenso
schlecht wie jenes [5]). Das Christentum dagegen setzt sich
aus zwei ganz heterogenen Elementen zusammen [6]) und verdankt seine Entstehung und Beschaffenheit eigentlich nur
einem geographischen Zufall: der ethische Teil desselben
stammt ursprünglich aus dem Buddhismus [7]), wovon noch jetzt
seine erhabene, mit der brahmanistischen und buddhaistischen
sonst vollkommen übereinstimmende, aber leider nicht auch
auf die Tiere sich erstreckende [8]) Moral zeugt, und ist über
Aegypten nach Judäa gekommen; dort aber wurde dieser
ethische Teil auf den Dogmatismus der Judenreligion „ge-
pfropft" [9]), wobei sich der einzige Anknüpfungspunkt [10]) in
dem eben aus der indischen Religion überkommenen jüdischen
Dogma vom Sündenfall [11]) fand, welches Dogma denn auch

1) Par. I, 131.
2) Par. I, 136 u. Anmerkung; cf. Par. II, 322.
3) W. a. W. u. V. II, 716.
4) W. a. W. u. V. II, 716 f.
5) W. a. W. u. V. II, 693; 177 f.
6) W. a. W. u. V. I, 458.
7) Par. II, 407 ff.
8) Par. II, 396 ff.; Grundlage der Moral p. 241.
9) W. a. W. u. V. II, 558; Par. I, 67.
10) W. a. W. u. V. II, 666.
11) Par. II, 407.

den Mittel- und Glanzpunkt der christlichen Lehre bildet[1]). „Ein Abglanz indischen Urlichtes von den Ruinen Aegyptens"[2]), war das Christentum mit seiner „antikosmischen Tendenz"[3]) und besonders durch seine Anpreisung der allgemeinen Menschenliebe für die europäische Menschheit eine neue und grosse Offenbarung[4]), welche kraft ihres ethischen Pessimismus die seichten, von den tiefer denkenden Geistern ihrer eigenen Nation nie recht ernst genommenen Religionen der Griechen und Römer leicht überwand[5]). Alle Widersprüche aber, deren sich im Christentum nicht wenige finden, sind auf die gewaltsame Vereinigung zweier so entgegengesetzter Lehren, wie die des Alten (= Optimismus) und Neuen (= Pessimismus = indische Religion) Testamentes es sind, zurückzuführen[6]). Aus eben dieser Gewaltthat erklären sich die allermeisten in der Kirche aufgetretenen Streitigkeiten[7]); denn ihnen allen liegt der Gegensatz zwischen Augustinismus und Pelagianismus zu Grunde, von denen der erstere, soferne er das Dogma von der Erbsünde zum Ausgangs- und Mittelpunkt hat, das eigentliche und wohlverstandene Christentum darstellt, während der letztere nichts anderes ist als „das Bemühen, das Christentum zum plumpen und platten Judentum und seinem Optimismus zurückzubringen"[8]).

Auch Schopenhauer's Ansichten über die Geschichte des Christentums sind eigentümliche, wenn auch nicht völlig selbständige; es wird sich daher wohl verlohnen, das Wesentlichste derselben hier mitzuteilen. Voraus muss noch bemerkt werden: er hält es für einen Nachteil des Christentums, dass es nicht eine reine Lehre, sondern wesent-

---

1) W. a. W. u. V. I, 480.
2) Grundlage der Moral p. 241.
3) W. a. W. u. V. II, 707.
4) W. a. W. u. V. II, 188; 721 f. Grundlage der Moral p. 226; Par. II, 372.
5) Par. II, 388 f.
6) Par. I, 67; II, 390. 392.
7) W. a. W. u. V. I, 346.
8) Par. II, 414.

lich und hauptsächlich Historie ist und als solche von seinen
Anhängern vor allem den Glauben an eine einzige individuelle Begebenheit verlangt [1]); er will daher die Person
Christi nur als Symbol oder Personifikation der Verneinung
des Willens zum Leben gelten lassen [2]), wenngleich ihm die
Persönlichkeit des Erlösers als solche eine „treffliche Gestalt, voll tiefen Lebens, von grösster poëtischer Wahrheit
und höchster Bedeutsamkeit" ist [3]).

Das Urchristentum stellt ihm nicht die vollkommenste
Erscheinung der christlichen Religion dar; vielmehr findet
er dieselbe, was den dogmatischen Gehalt anlangt, in dem
auch von Luther bekräftigten Augustinismus [4]) und dem von
diesem ausgehenden Jansenismus [5]), da erst hier die grosse
Allegorie des Christentums vollendet sei; in mystisch-ethischer
Hinsicht bei den Anachoreten und vor allem in den Schriften
der deutschen Mystiker, in denen uns das in voller Klarheit
und Deutlichkeit entgegentrete, was uns im Neuen Testa-
ment wie durch Schleier und Nebel sichtbar wird [6]); ja, er
geht soweit, zu behaupten, es müsse jede Philosophie falsch
sein, welche consequenterweise die Denkungsart der Mystiker
zu verwerfen gezwungen sei [7]).

Die Notwendigkeit des Reformationswerkes Luther's erkennt er an, lässt aber den Reformator nur vom praktischen
Standpunkte aus recht haben, nicht auch vom theoretischen,

---

1) Par. II, 396, 423.
2) W. a. W. u. V. I, 480.
3) W. a. W. u. V. I, 109.
4) Par. II, 390.
5) Par. II, 414.
6) W. a. W. u. V. I, 458.
7) W. a. W. u. V. II, 707; über den Zusammenhang der Lehre
Schopenhauer's mit derjenigen der deutschen Mystiker und des Neuen
Testamentes vergl. Wilhelm Fricke, „Schopenhauer und Christentum", Leipzig (1888?). In dem leider nicht bevorworteten Buche
werden überraschend viele Uebereinstimmungen nachgewiesen, vielfach auch da, wo sie nur in den Worten, nicht aber auch im Sinne
liegen, wie denn überhaupt der Verfasser sich mit einer Gegenüber-
stellung von Citaten begnügte, ohne die Frage principiell anzufassen.

weil er dem Rationalismus, diesem „pelagianischen Haus-
mannsverstande" [1]), Thür und Thor geöffnet; der Rationalismus aber ist ebenso falsch und gefährlich, wie der Supranaturalismus, weil beide die christlichen Ideen sensu proprio
fassen, wobei der Supranaturalismus wenigstens eine symbo-
lisch-allegorische Wahrheit hat, der Rationalismus dagegen,
so ehrlich seine Anhänger auch zu Werke gehen, gar keine [2]).
Im allgemeinen dürfte Schopenhauer's, allerdings in dieser
Form von ihm nicht ausgesprochene Meinung die sein, dass
der Katholicismus zu sehr dem Supranaturalismus, der Protestantismus zu sehr dem Rationalismus huldige: demgemäss
scheint ihm auch der Katholicismus ein schmählich miss-
brauchtes, der Protestantismus teils ein „ausgeartetes", teils
ein „abgestumpftes oder vielmehr abgebrochenes Christentum" zu sein [3]), und dies letztere besonders, weil er mit seinen optimistisch-rationalistischen, ursprünglich dem Judentum angehörigen, Ideen die Askese vernachlässigt.

Im Ganzen sichert der Philosoph dem Christentum keine
grosse Zukunft mehr zu, da mit der Ausbreitung des Wis-
sens unter das Volk der Glaube desselben naturgemässer-
weise immer mehr schwindet, zumal seit „Kant dem religiösen Glauben die bisherige Stütze der Philosophie entzog
und die ancilla theologiae emancipierte" [4]). Das 19. Jahr-
hundert sei reif geworden für die Philosophie, wenngleich
dieselbe noch nicht in ihm herrsche [5]); das Christentum stehe
in Folge dessen jetzt sehr geschwächt da, „vom ernstlichen
Glauben beinahe verlassen, ja um seine eigene Existenz
kämpfend" [6]).

Auch über das, was an Stelle des Christentums der
Menschheit geboten werden soll, ist sich Schopenhauer bereits klar: Zunächst weist er die europäische Menschheit an

---

1) W. a. W. u. V. I, 480.
2) Par. II, 417.
3) W. a. W. u. V. II, 719 u. Par. II, 415.
4) Par. II, 370; cf. ib. I, 202.
5) W. a. W. u. V. I, 55 f.
6) Par. II, 370.

die indischen Religionen als „die heiligen Religionen der Heimat" [1]) mit dem emphatischen Rufe: „Ex oriente lux!" [2]) und sodann, jedenfalls, wenn sie, durch diese Religionen hindurchgegangen, das nötige Verständnis dafür gewonnen, an — seine eigene Philosophie, welche, unabhängig vom Brahmanismus und Buddhaismus gefunden [3]), die Moral dieser Religionen, sowie die des Christentums in ihrem reinsten Gehalte rationell begründe [4]); er habe in seiner Lehre den unzerstörbaren Kern des Christentums — Verneinung des Willens zum Leben und in Verbindung damit Askese — niedergelegt, abgelöst von jener allerdings recht harten Schale, welche der jüdische Optimismus um denselben wachsen liess [5]).

Ohne schon jetzt in eine Kritik der vorgetragenen Anschauungen des Philosophen eintreten zu wollen, möchten wir nur folgende Punkte besonders hervorheben:

1) Die Wurzel des wissenschaftlichen und des religiösen Bedürfnisses soll die gleiche sein.

2) Für den geschichtlichen Entwickelungsgang der Religionsarten sowie den der einzelnen Religionen wird kein Gesetz angegeben; vielmehr soll es ein Nachteil einer Religion sein, wenn sie Geschichte ist.

3) Nicht wird (in Uebereinstimmung mit 1) geredet von dem Gefühlswert und den kultischen Handlungen einer Religion.

Eine Kritik der Gesamtauffassung Schopenhauer's von der Religion wird am Schlusse der Abhandlung folgen; die einzelnen Ansichten zu kritisieren, würde zu weit führen und auch nicht zweckentsprechend sein.

* * *

Nachdem der erste Teil dargethan, wie Schopenhauer über das Christentum denkt, soll nun gezeigt werden, welche

---

1) Par. II, 242.
2) Par. I, 59.
3) Ueber den Willen in der Natur p. 138 f. u. W. a. W. u. V. II, 186.
4) W. a. W. u. V. I, 483; Par. I, 143.
5) W. a. W. u. V. II, 717 f.

Verwandtschaft zwischen seinen und den christlichen An-
schauungen besteht, zu welchem Zwecke die Metaphysik und
Ethik der beiden Lehren gesondert betrachtet werden wird.
Da uns diese Betrachtung zu einer principiellen Frage der
Philosophie führen wird, von deren Beantwortung im letzten
Grunde die Eigenart eines Systems abhängt, möge es ge-
stattet sein, dass wir zunächst unsere eigene Ansicht betreffs
dieser Frage voraussenden.

II. Das Problem der Philosophie.

Man kann die Geschichte der Philosophie als die Geschichte der Lösungsversuche, welche das Problem des Verhältnisses von Körper und Seele oder Natur und Geist erfahren hat, bezeichnen. Dann wird dasjenige philosophische
System, welches dieses Verhältnis am richtigsten gefunden
und damit jenes Problem am besten gelöst hat, für das vor-
nehmste gelten dürfen. Die Geschichte nun hat uns gezeigt, dass alle Systeme, welche die eine dieser beiden Rea-
litäten aus der anderen ableiten wollten, in ihren Extremen
mit der Wirklichkeit in Konflikt kamen, so dass die Annahme einer ursprünglichen Einheit von Natur und Geist in
einem Absolutum und einer durch diese ursprüngliche Einheit, aus welcher sie hervorgingen, bedingten Wechselwirkung von Subjekt und Objekt der Wirklichkeit und darum
auch der Wahrheit am gerechtesten zu werden scheint. Indessen kann der Spiritualismus aller Identitätsphilosophie
gegenüber die schliessliche Priorität des Geistes auf folgende
Weise darthun: Alles Wirkliche — die Natur — ist nur
wirklich, weil es möglich war; d. h. jede Existenz weist zurück auf eine Essenz; jede Möglichkeit aber zeugt von Freiheit — denn, wenn möglich war, dass etwas werde, so war
zugleich möglich, dass es nicht oder etwas Anderes an seiner
Stelle werde —, und Freiheit hinwiederum lässt sich ohne
Bewusstsein derselben d. h. ohne Intelligenz nicht denken:
so muss die Natur schliesslich doch vom Geiste bedingt sein,

der dann allerdings potentiell die Natur in sich enthalten muss.

Auf diese Weise gelangen Spiritualismus und Identitätsphilosophie schliesslich doch zu demselben Resultat, indem jener das stillschweigend voraussetzen muss, was diese als einen Faktor der Grundannahme ausspricht.

Kommt man nun an die Erklärung der Wirklichkeit, so müssen in dieser vorerst zwei Gebiete unterschieden werden, das der Metaphysik und Physik auf der einen und das der Ethik, im weitesten Sinne genommen, auf der anderen Seite. Beide Gebiete müssen nach dem Vorigen derselben Wurzel entstammen; aber, während es in der Metaphysik — wie uns Kant unwiderleglich dargethan — unmöglich und auch unnötig ist, diese Wurzel als eine thatsächlich existierende nachzuweisen, weil wir ein Sein unabhängig von der Erfahrung niemals darzuthun vermögen, so verlangt doch die Ethik, diese Wurzel als eine thatsächlich vorhandene anzunehmen, weil sonst eine reale Welt — was die sittliche doch gewiss ist — schon für eine kurze Ueberlegung ein Seiendes ohne ein dasselbe Bedingendes ergeben würde. Es entspringen also Metaphysik (incl. Physik) und Ethik derselben Wurzel, welche jedoch nur ausserhalb der Welt zu suchen und zu finden ist; darum haben wir in der Welt der Erfahrung zu unterscheiden zwischen einem doppelten Sein: einem Sein der Anschauung und einem Sein des Beurteilens; beide Seinsweisen hängen zusammen, aber sind, so lange wir auf dem Gebiete der Erfahrung bleiben, nicht auseinander abzuleiten, wo sie vielmehr, wenn auch, weil eben in Wechselwirkung stehend, als auf einander angewiesen, doch niemals als einander bedingend nachgewiesen werden können; erst im Unendlichen treffen sie zusammen. Der Zusammenhang von Metaphysik und Ethik kann und soll also nicht geleugnet werden; wer ihn aber bis zu seiner Wurzel verfolgen will, ist zugleich gezwungen, in eine Region sich zu wagen, wo anstatt des Verstandes das Gefühl den Massstab der Beurteilung abgibt.

Allem Körperlichen kommt nun als solchem eine be-

stimmte, allerdings nicht durchweg gleichheitlich beschaffene
Existenz zu; denn da dasselbe als solches ohne Intelligenz
und darum auch ohne Freiheit ist, so ist ihm keine Möglichkeit gegeben, diese Existentia von sich aus zu ändern
d. h. mit anderen Worten: die Materie muss die ihr anhaf-
tende Beschaffenheit beibehalten. Auf dem ethischen Gebiete regiert hingegen nicht, wie dort, die unbedingte Notwendigkeit, da Sittlichkeit ohne Freiheit keine Sittlichkeit
wäre; sondern hier besteht die Möglichkeit, so (gut) oder so
(schlecht) zu sein, so dass wir auf diesem Gebiete eine in
letzter Instanz der Freiheit des ethischen Subjekts unter-
stellte Essentia konstatieren können, die natürlich in con-
creto stets als — eine zu jener ersten hinzukommende —
Existentia sich zeigen wird: denn wir müssen sittlich oder
unsittlich sein; so notwendig diese ethische Existentia aber
auch an sich ist, so unnötig ist es, dass sie diese oder jene
bestimmte Existentia bleibe; denn wie der Schöpfer allezeit
eine Macht hat über sein Geschöpf, so kann auch der Mensch
kraft seiner ethischen Freiheit die erstgewählte (schlechte)
Existentia, welche also hier nur ein moralisches Sein aus-
drückt, verneinen, wodurch er sie dann allerdings sofort mit
einer anderen, und da es auf moralischem Gebiete nur die
beiden Möglichkeiten, sittlich oder unsittlich, gibt, eben mit
der entgegengesetzten (guten) Existentia vertauschen muss.

Man darf nun nicht übersehen, dass die ethische Beschaffenheit des Einzelnen, so zu sagen, einen festen Nieder-
schlag in seinem Charakter erhalten hat, welchem gemäss
seine Handlungen mit Notwendigkeit ausfallen; aber der
Charakter des Einzelnen ist eben im letzten Grunde das
Werk seiner freien Wahl. Man wird demnach einerseits die
ethische Freiheit des Menschen nicht auf die einzelnen Handlungen ausdehnen dürfen; denn die Art und Weise seines
Handelns ist durch seine ethische Beschaffenheit bedingt;
aber andrerseits verlangt die sittliche Freiheit des Menschen,
dass er seinem ganzen Handeln eine andere Richtung zu
geben, also seinen Charakter zu ändern vermag.

Allerdings wird sich dieser Gedankengang einigermas-

sen anders gestalten, wenn man die Entscheidung des Menschen für das Gute oder Böse von einer freien Urthat seines
Willens abhängig macht, also eine Selbstprädestination des
Menschen lehrt, entweder des Einzelnen in einem vorzeitlichen Zustande, wie Kant, oder der Gattung in ihren ersten
Individuen, d. h. den Urmenschen, wie das Christentum,
welch' beide Lehren dann insoweit übereinstimmen, dass die
moralische Beschaffenheit derer, die sich nach der ersteren
Annahme in ihrem vorzeitlichen Zustande für das Böse entschieden, entspricht der angeborenen ethischen Beschaffenheit aller Individuen nach der christlichen Lehre; will man
unter dieser Bedingung den Menschen für einer moralischen
Besserung fähig halten, so ist es notwendig, dass demselben
die Möglichkeit der Entscheidung noch einmal geboten werde.
Dass diese Möglichkeit erneuert wird, ist dann allerdings
ein Akt der Gnade von Seite desjenigen, der sie schon erstmalig dem von ihm in die Existenz gesetzten Menschen
gewährt.

Auch unter dieser Voraussetzung kommen wir da an,
wovon wir ausgegangen: es ist zu unterscheiden zwischen
physischem und moralischem Sein; jenes kann in seiner Gesamtheit nicht vom Menschen gewirkt sein, weil er selbst
nur einen Teil desselben ausmacht; dieses kommt nur dem
Menschen zu und ist im letzten Grunde sein eigenstes
Werk; beide Seinsweisen stehen in Wechselwirkung und üben
deshalb allerdings Einfluss auf einander; ihre gemeinschaftliche Wurzel haben sie in einem über die Welt der Erscheinung hinausliegenden Absolutum.

III. Die Lehren Schopenhauer's und des Christentums.
A) Metaphysik.

Bevor wir eine kurze Darstellung der metaphysischen
Ansichten des Philosophen geben, um an der Hand derselben
auf die Uebereinstimmungs- resp. Differenzpunkte mit den
metaphysischen Ideen des Christentums aufmerksam zu
machen, wollen wir uns zunächst über die Auffassung Schopenhauer's von der Metaphysik überhaupt verständigen:

Wenn die Philosophie die wahre Metaphysik ist, wie er behauptet, so müssen die Aufgaben der Philosophie und Metaphysik zusammenfallen.

Nun soll die Philosophie nach W. a. W. u. V. I, 98 nur nach dem Was der Welt fragen, ohne sich um das Woher, Warum und Wozu derselben zu kümmern, soll also auf das in der Welt der Anschauung Gegebene als auf ihr Problem sich beschränken; sie darf auf das Gebiet des Illuminismus als auf ein vorhandenes hindeuten, soll sich aber hüten, es auch nur mit einem Schritte zu betreten [1]; in Uebereinstimmung damit wird die Metaphysik bezeichnet als ein „Wissen, geschöpft aus der Anschauung der äusseren wirklichen Welt und dem Aufschluss, welchen über diese die intimste Thatsache des Selbstbewusstseins uns liefert" [2]. Zugleich wird der Metaphysik aber auch das Unerklärliche als ihr Gebiet zugewiesen [3]. Das ist ein offenbarer Widerspruch, der um so frappanter wird, als gerade Schopenhauer, wie wenige Philosophen vor ihm, stets bestrebt ist, aus dem Wesen der Welt Ursprung, Zweck und Ziel derselben zu erklären, als, wie wir noch sehen werden, seine Philosophie gerade dadurch bankerott wird, dass er sich mit seinen Gedanken zu weit von der objektiven Welt weg in das Reich des, allerdings verzerrten, Ideales verliert. Aber dieser Widerspruch ist bezeichnend für sein ganzes Denken: er will auf dem Boden der Wirklichkeit stehen bleiben, aber ihm selbst unbewusst blickt immer wieder die Ahnung hindurch, dass der Philosophie noch ein erhabeneres Recht zukommen muss, nämlich das, die Wirklichkeit ideal zu deuten; darum verlangt er von der Metaphysik, dass sie die Stütze der Ethik sei [4]; darum will er die Tendenz der Welt als eine moralische nachgewiesen haben [5] und sieht den Wert einer Philosophie in der von ihr vorgetragenen

1) Par. II, 11.
2) W. a. W. u. V. II, 204.
3) Par. II, 1.
4) Ueber den Willen in der Natur p. 140 f.
5) Par. II, 215.

Moral, Gedanken, deren strikte Durchführung der Philosophie vielleicht sehr gefährlich zu werden vermag, weil sie den Denker im Reiche der Ideen die concrete Wirklichkeit leicht übersehen lässt, die uns aber jedenfalls nur ermutigen können, den Philosophen, welcher sich zu ihnen bekennt, in Vergleich zu stellen mit dem von den gleichen Gedanken beherrschten Christentum.

Es könnte sich hier auch die Frage erheben, ob man von einer Metaphysik des Christentums sprechen dürfe: Soweit die Metaphysik für unsere Zwecke in Betracht kommt, jedenfalls; denn hier gilt es nur, Wesen, Ursprung, Zweck und Ziel der Welt ins Auge zu fassen, und diese Fragen lassen sich beantworten, ohne dass grosse Spekulationen, die nicht in eine Religion gehören, angestellt werden müssten.

1. Ursprung und Wesen des Daseins.

Als die Ursache des Daseins wird ein blinder, erkenntnisloser, freier Wille angegeben, der für sein Insdaseintreten keinen weiteren Grund hatte — die Welt verdankt also ihre Entstehung einem grundlosen Zufall. Damit aber, dass dieser Wille, ins Dasein tretend, sich bejahte, hat er eine grosse Schuld auf sich geladen. Stets treibend und drängend, objektiviert er sich jetzt in verschiedenen Daseinsformen: zunächst in der unorganischen, dann in der Pflanzen- und schliesslich in der Tierwelt. Im menschlichen Gehirn erst zündet er sich in Gestalt des Intellektes ein Licht an, wodurch mit einem Schlage neben der Welt als Wille die Welt als Vorstellung existiert. Im Intellekt, der also im Vergleiche zum Willen, dem Dinge an sich, das Secundäre ist, und zwar in ihm allein existieren Zeit und Raum, das principium individuationis. Will nun der Mensch, dem zunächst nur die Welt als Vorstellung gegeben ist, zu einer Erkenntnis des Dinges an sich gelangen, so kann er dieselbe nicht direkt von aussen sich holen, sondern er wird nur von sich selbst aus die Welt verstehen; als sein Wesen aber wird er den Willen, dessen unmittelbare Objektivation ihm im Leibe gegeben ist, finden

und bei genauerem Zusehen auch in der ihn umgebenden,
wie er selbst, mit grosser Zweckmässigkeit ausgestatteten,
von dem Gesetze der Notwendigkeit unbedingt und überall
regierten, Welt als das Ding an sich überall das gleiche,
nämlich den Willen entdecken. Doch ist diese Erkenntnis
nicht vollkommen adäquat; denn auch im Selbstbewusstsein
ist das Ich nicht schlechthin einfach, sondern besteht aus
einem Erkennenden und Erkannten [1]).

Was den Menschen insbesondere betrifft, so ist auch er
nur eine Objektivation des einen Urwillens, aber die höchste,
alle niedrigeren in sich begreifende Stufe derselben; insoferne hat auch er teil an der erwähnten Urschuld des Willens, ja er am meisten, weil ihm dieselbe erst zum Bewusstsein kommt. Für absurd hält der Philosoph die Annahme
des Theismus, der Mensch sei von Gott ins Dasein gesetzt
worden und habe sich nach eigener Wahl für die Art und
Weise desselben entscheiden dürfen und entschieden; denn
das hiesse dem Menschen eine Existentia verleihen, ohne
zugleich eine Essentia, also ihm ein Sein und ein Nichtsein
zugleich haben lassen, was unmöglich ist; vielmehr ist das
Sein des Menschen samt seiner an dasselbe notwendig ge-
knüpften Beschaffenheit sein ganz eigenes und alleiniges
Werk; denn die Verantwortlichkeit bedingt Freiheit, diese
hinwiederum die Ursprünglichkeit des Thuns [2]).

Diese des öfteren [3]) nachdrücklich behauptete notwendige, von demselben Wesen gleichzeitig ausgehende Setzung
der Existentia und Essentia scheint uns für die Aufstellung
der ganzen Schopenhauer'schen Philosophie massgebend gewesen zu sein; wir haben schon unsere gegenteilige Ansicht
ausgesprochen und im Verlaufe der Abhandlung wird sich
zeigen, dass dieser Grundgedanke des Systems zugleich sein
viele weitere Irrtümer und Widersprüche nach sich ziehen-
der Grundfehler ist.

---

1) W. a. W. u. V. II, 220.
2) Ueber den Willen in der Natur, p. 142.
3) Cf. Par. II, 252 u. Freiheit des Willens, p. 57 f.

Dass der Philosoph von einem intelligenten Welturheber
nichts wissen will, nimmt ihm als einem die Wahrheit des
Christentums nicht erlebt habenden Philosophen sogar ein
Professor der orthodoxen Theologie nicht übel [1]); aber ich
möchte es doch für vernünftiger halten, wenn man einmal
einen Urgrund des Daseins angeben will, denselben lieber
in einem möglichst bald zu eliminierenden X zu setzen, wie
es z. B. der Darwinismus thut, als in die geradezu wie Ironie
klingende Annahme der zufälligen That eines blinden Urwillens; dort bleibt dann wenigstens noch ein Subjekt des
Wollens, während man bei Schopenhauer zu der Frage ge-
drängt wird: „wer will denn hier" [2])? Und noch etwas
kommt hinzu: wenn der Wille durch sein Insdaseintreten
eine Schuld auf sich lädt, so fragt sich, wie das möglich sei,
wenn nicht ein Schuld und Strafe bestimmendes und eben
deshalb mit Intelligenz ausgestattetes Prinzip ausser, vor
und über diesem blinden Willen existiert; weil der Philosoph aber dieses Prinzip nicht anerkennt, vermag er auch
die Zweckmässigkeit der Natur nicht zu deuten; denn, wenn
er sie auch als eine immanente bezeichnet, so behauptet er
sie eben nur, ohne sie zu erklären [3]).

Das aber ist bedeutsam, dass Schopenhauer ebenso wie
das Christentum unser Dasein als durch unsere eigene
Schuld so, wie es ist, gewordenes fasst und dass beide diese
Schuld in eine Bejahung des Willens setzen, Schopenhauer
als des kosmischen Prinzips, das Christentum als des speciell
menschlichen Willens, der in Gegensatz zum göttlichen Wil-

1) Cf. A. v. Oettingen: „Schopenhauer's Philosophie in ihrer
Bedeutung für christliche Apologetik" in „Dorpater Zeitschrift für
Theologie u. Kirche", Jahrgang 1865 (449—487), p. 4.

2) Cf. Otto Liebmann: „Kant u. die Epigonen". Stuttgart
1865, p. 193.

3 Cf. Chr. A. Thilo: „Ueber Schopenhauer's ethischen Atheis-
mus" in „Zeitschrift für exacte Philosophie" Bd. VII. 321—56 (1867)
u. VIII. 1—35 (1869), wo VIII, 24 ff. ausgeführt wird, dass Schopenhauer den eigentlichen Sinn der teleologischen Frage gar nicht
gesehen zu haben scheint.

len tritt; doch lässt auch das Christentum die auf und für
den Menschen geschaffene Tierwelt für diesen Fehltritt des
Menschen mit büssen. Hier wie dort verdankt die Welt ihre
Entstehung der freien Setzung eines Willens, dort eines
blinden und unbewussten, hier eines mit Intelligenz ausgestatteten; der Philosoph lässt es bei dieser einen Setzung
bewenden und wird auf diese Weise zur Annahme des un-
bedingten Determinismus innerhalb des Gesetzten genötigt,
das Christentum lässt zu der ersten freien Setzung, von Seite
Gottes, noch eine weitere desgleichen frei geübte, von Seite
des Menschen hinzukommen, dadurch zwar auch einen Determinismus zugebend, aber doch nur einen bedingten, indem
derselbe nur für das durch die zweite Setzung Gewordene
gilt und im Falle der Möglichkeit einer erneuten Entscheidung betreffs dieser Setzung verschwinden muss, ohne dass
dadurch das erstmalig Gesetzte in Nichts zurückfiele. Kurz:
Schopenhauer identificiert das Dass des Seins (existentia)
mit dem Was und Wie desselben (essentia), das Christentum trennt beides und lässt damit innerhalb des Dass wenigstens zwei Möglichkeiten des Wie zu.

Wenn man den Vergleich noch weiter ausdehnen wollte,
könnte man sagen, dass die durch den menschlichen Willen
bejahte (schlechte) Welt des Christentums der Welt, die
Schopenhauer kennt, entspricht. Aber von vorneherein weist
das Schopenhauer'sche System über sich selbst hinaus damit,
dass es ein absolutes Wollen annimmt, ohne Rücksicht auf
das Subjekt und die Qualität desselben. So erklärt sich auch
seine Bezeichnung des Dinges an sich als Wille, mit der er
ganz offenbar in Verlegenheit gerät, da, wo er diesen ins
Dasein getretenen Willen sich als diesen und zugleich damit als
Ding an sich verneinen lässt [1]); denn, was dann übrig bleibt,
ist kein relatives Nichts mehr, sondern ein absolutes Nichts;

---

1) Cf. W. a. W. u. V. II, 220 ff., wo Schopenhauer diese seine
Bezeichnung zu rechtfertigen sucht; vergl. ferner Ed. Zeller, „Geschichte der deutschen Philosophie seit Leibniz". München 1873,
p. 893 f.

die ganze Bezeichnung beruht eben auf einem Irrtum: es
ist natürlich so: das primum agens ist allerdings ein wollendes Subjekt; aber was dieses Subjekt ausser dem, dass
es will, noch ist, worin also seine eigentliche Beschaffenheit,
deren Ausdruck nur das Wollen ist, besteht, die Frage bleibt
offen und wurde von Schopenhauer nicht beantwortet.

2. Realität und Wert des Daseins.

Wenn, wie der Philosoph behauptet hat, das Dasein in
einer Schuld des dasselbe setzenden Willens seinen Ursprung
hat, so kann natürlich auch die Beschaffenheit desselben nur
eine negative, sein Wert nur ein relativer sein. Die Welt
wird uns denn auch in den erschütterndsten Bildern als so
schlecht hingestellt, dass, wäre sie nur noch ein bisschen
schlechter, sie gar nicht mehr existieren könnte [1]: das Leben
sei die Abbüssung der Urschuld des Willens, ein ewiges Hin-
und Hergeworfenwerden zwischen Schmerz und Langeweile [2];
jede Lust sei nur ein Aufhören der Unlust, diese daher das
Positive, die Individuen — auch die menschlichen — seien
nur dazu da, um sich gegenseitig aufzufressen, das bellum
omnium contra omnes des Hobbes sei thatsächlich der Grund-
charakter der Welt [3]; das Leben des Menschen aber sei
einem Geschäfte gleich zu achten, welches die Kosten nicht
deckt [4], da zwischen den Mühen und Plagen desselben und
seinem Ertrag oder Gewinn gar kein Verhältnis stattfinde, —
und das alles, weil der Wille die Thorheit begangen hat,
aus dem Nichtsein ins Dasein überzutreten; das war ein
Fehltritt, ein strafbares Gelüsten, und die Folge davon ist
eben diese Welt, in welcher Schuld und Leiden sich die
Wagschale halten. Und überdies lässt sich auch nicht von
der Zukunft Trost erhoffen [5]; denn das ganze Sein verdankt

---

1) W. a. W. u. V. II, 669.
2) W. a. W. u. V. I, 371.
3) W. a. W. u. V. I, 393.
4) W. a. W. u. V. II, 658.
5) Schopenhauer lässt allein der Gegenwart Realität **zukommen**

ebenso wie seinen Ursprung, so auch seine Beschaffenheit
demselben unglücklichen und strafbaren Zufall, so dass nur
die Alternative bleibt swischen dem so — d. i. schuldhaftem
und darum leidvollem — Sein und dem Nichtsein.

Wir wollen hier nicht mit Schopenhauer rechten, ob er
nicht bloss ein Auge für die Schattenseiten des Lebens ge-
habt; für unseren Zweck genügt es, zu konstatieren, dass
der durch seine Darlegung des Weltwertes sich hindurch-
ziehende Gedanke einer „ewigen Gerechtigkeit" [1]), die das
Mass der Schuld mit einem gleichen Masse von Leiden
straft, auch im Christentum unter der vorauszusetzenden
Modifikation betreffs der Setzung dieses Daseins sich findet;
aber der Begriff einer ewigen Gerechtigkeit kommt im
Schopenhauer'schen Systeme unvermittelt, weil er eigentlich
nur ein Wollen kennt, zu dem sich jetzt ein Richten und
Strafen gesellt; nun aber der Richter stets über dem Ge-
richteten stehen muss, finden wir wieder — wie in 1 —,
dass das angenommene Ding an sich über und hinter sich
weist.

Ebenso steht es mit der Frage des Pessimismus, der
dem Christentum ja allerdings nicht fremd ist: wer die Welt
als schlecht beurteilt, wendet damit einen Massstab des Ur-
teilens an, der nicht aus der, eben nur schlechten Welt genommen sein kann, sondern seinen Ursprung ausser und,
weil er die Welt beurteilt, über der Welt haben muss: wieder kommen wir zu dem Resultate, dass hinter und über
dem Wollen eine Intelligenz stehen muss. Dann aber fällt
der Pessimismus in sich selbst zusammen; denn was diese
Intelligenz in seiner jetzigen Beschaffenheit als schlecht erkennt, kann sie, weil der Welt transcendent und immanent
zugleich, durch eine Aenderung dieser Beschaffenheit gut
machen. So muss jeder konsequente Pessimismus schliesslich in Optimismus übergehen; und am Schlusse wird sich

---

(cf. W. a. W. u. V. I, 327 f.), weil er eben die Form der Zeit nur
in das anschauende Subjekt verlegt.

1) W. a. W. u. V. I, 414 ff.

zeigen, dass es auch bei dem Schopenhauer'schen der Fall ist.

3. Zweck und Ziel des Daseins.

Wenn die Welt schlecht ist, so wäre es das Natürliche, zu versuchen, sie besser zu machen; nun ist sie aber schlecht geworden durch die Selbstbejahung des Willens; will nun der Wille seinen Fehltritt wieder gut machen, so kann er nichts Besseres, ja nichts anderes thun, als das Leben und damit sich selbst wieder zu verneinen und so in den uns unbekannten Zustand seines vorweltlichen Seins zurückzusinken — das ist der konsequente Gedankengang der Schopenhauer'schen Philosophie, welche, nachdem sie einmal das Dass und Wie der Welt identificiert hat, mit der Verfehltheit des Wie auch die des Dass und desgleichen mit der Vernichtung des Wie auch die des Dass anzunehmen gezwungen ist. Und was so für die Welt im Ganzen gilt, muss auch für das Leben der Individuen gelten: ist für sie das Sein eben, weil es ein Sein ist, verschuldet und darum leidbringend, so können eben auch für sie Schuld und Leiden nur durch das Nichtmehrsein getilgt werden. Somit ist der Zweck des Lebens — der Tod [1]), welcher zugleich dem Leben sein Ziel setzt; mit dem Tode des Menschen aber erlischt zugleich wieder sein Intellekt, welcher nur eine Leuchte des Willens auf der höchsten Stufe seiner Objektivation war, und damit auch die Welt als Vorstellung, so dass das individuelle Bewusstsein den Tod nicht überlebt [2]). Mit dem Tode des Einzelnen aber ist die Schuld der Gesamtheit natürlich nur in Hinsicht auf diesen Einzelnen, und soferne auch er an ihr teil hatte, getilgt. Eine endgültige und vollständige Tilgung würde das Zurückgehen des ganzen Daseins in das Nichts erfordern [3]).

---

1) Par. II, 13.

2) Par. II, 290.

3) Ueber die Anschauungen Schopenhauer's von dem Zusammenhang zwischen Tier- und Menschenwelt und insbesondere der ersteren Erlösungsbedürftigkeit und -Fähigkeit vergl. S. 41 f.

Indessen gelangen wir hier an die Klippe, an welcher
das System, konsequent durchgeführt, schon hätte zerschel-
len müssen; doch wusste der Philosoph durch eine Inkonsequenz an dieser Klippe glücklich vorbeizukommen; die Folgen werden sich in der Ethik zeigen.

War nämlich die erstmalige Selbstbejahung des Willens
eine frei geübte — und sie musste es sein; denn der Wille
soll das Ursprüngliche gewesen sein und ausser ihm Nichts,
das ihn zu solcher Bejahung hätte veranlassen können —,
so kann und muss auch die Verneinung nur von ihm selbst
ausgehen; das ist aber beim Tode des Individuums nicht der
Fall, vielmehr ist dasselbe gerade im Anblick des Todes am
meisten bestrebt, das Leben zu bejahen; darum kann dieses
gewaltsame Verneintwerden, welches selbst nur den Höhe-
punkt der Strafe für die ursprüngliche und sich stetig fort-
setzende Bejahung bildet, die gewünschte Erlösung aus dem
Elende des Daseins nicht bringen (weshalb auch der Selbst-
mord, da er nur das Individuum betrifft, eine thörichte Handlung ist); im Gegenteil, die Bejahung des Willens dauert
fort[1]): denn der durch den Tod eines Individuums aus der
Erscheinung verschwundene Wille taucht in einem anderen,
von diesem — als von seinem Erzeuger — abhängigen Individuum wieder auf, stets als Wille zum Leben, aber ausgestattet mit einem anderen, der Güte oder Schlechtigkeit seines vorigen Lebenswandels entsprechenden Intellekt — das
ist die von Schopenhauer gelehrte Palingenesie[2]).

Haben wir dem Philosophen so weit zugehört und können wir, mit Berücksichtigung seiner bereits kritisierten
Voraussetzungen, vorderhand mit ihm einverstanden sein, so
müssen wir jetzt unbedingt erwarten, dass er eine Erlösung
von diesem in seinem Sinne unverbesserlichem Dasein von
einer freiwilligen Verneinung des Weltprincips, das wäre

---

1) Cf. Par. II, 287: der Tod kann dem Leben, aber nicht dem
Dasein ein Ende machen.
2) Cf. W. a. W. u. V. II, 604 ff.; Par. II, 251. 292 ff.; ib. I,
238; II, 390, sowie S. 34 f.

also: der Gesamtheit alles Daseienden abhängig mache; das
wäre konsequent: gethan hat es aber Schopenhauer bekannt-
lich nicht[1]), sondern erst E. v. Hartmann[2]); indessen bei
aller Konsequenz wäre es doch undenkbar[3]). Ob Schopenhauer aus diesem letzteren Grunde eine notwendige Konsequenz seines Systems zu ziehen unterlassen hat, wird wohl
nicht mit Sicherheit festzustellen sein; indessen ist es mir
wahrscheinlich, dass dieser Grund neben anderen[4]) für ihn
massgebend war, da es wenigstens noch mehr Denkbarkeit
besitzt, wenn er das Individuum den Willen zum Leben verneinen lässt, welches natürlich zu diesem Zwecke vor allem
der Zeugung sich enthalten muss; für ein solches (das Leben

---

1) Was W. a. W. u. V. I, 486 f. von der Vernichtung der Welt
zugleich mit der freiwilligen Verneinung des Willens gesagt wird,
kann sich dem ganzen Charakter der Ethik gemäss, welche thatsächlich nur wenige den Weg zur Erlösung finden lässt nur auf die
Verneinung des Einzelwillens beziehen, wovon auch der ib. p. 449 f.
bei der Darstellung der Möglichkeit einer Verneinung des Gesamt-
willens gebrauchte Conjunctiv zeugt.

2) Cf. E. v. Hartmann: „Gesammelte Studien und Aufsätze
gemeinverständlichen Inhalts"; Berlin 1876, p. 649: „Wenn die
grosse Errungenschaft eines wissenschaftlich begründeten Pessimismus fruchtbar werden und einer Hoffnung auf Erlösung von dem
Elende des Daseins Raum gegeben werden soll, so ist nicht an eine
individuelle Erlösung zu denken, die das Wesen notwendig unberührt
lässt, sondern an einen universalen Akt als Ziel des Weltprozesses".

3) Vor allem deshalb, weil nur die vernunftbegabten Menschen
eine Einsicht in das Leidvolle des Daseins erlangen und damit eine
Erlösung aus demselben anstreben könnten; denn wenn Schopenhauer auch I, 449 seines Hauptwerkes glaubt „annehmen zu können,
dass mit der höchsten Willenserscheinung auch der schwächere Wie-
derschein derselben, die Tierheit wegfallen würde; wie mit dem
vollen Lichte auch die Halbschatten verschwinden", so ist dies eben
eine blosse, durch Nichts, auch nicht, wie er glaubt, durch den Zusammenhang aller Willenserscheinungen, gerechtfertigte Annahme;
indessen vergl. man auch hiezu S. 41 f.

4) Auch seine Ansicht von der Idealität der Zeit musste ihn
abhalten, dem, was keinen geschichtlichen Anfang genommen, ein
geschichtliches Ende zu geben.

nicht mehr bejahendes = nicht mehr wollendes) Individuum
ist dann der Tod thatsächliche und endgültige Erlösung;
denn es erduldet ihn frei, und damit ist in Hinsicht auf
dieses eine Individuum der Wille nicht nur als der in diesem bestimmten Leibe objektivierte, sondern als Ding an
sich aufgehoben.

Indem wir das Missverhältnis zwischen ursprünglicher
Gesamtbejahung und schliesslicher Gesamtverneinung v o r-
e r s t nur konstatieren, es auf sich beruhen lassend, wollen
wir an eine Vergleichung dieser Anschauungen mit den entsprechenden christlichen herantreten.

Uebereinstimmend mit Schopenhauer hat auch das Christentum die Beschaffenheit dieser Welt als durch eine von
der Gattung ausgehende, frei geübte Urthat verschuldet und
schlecht geworden erklärt und in beiden Lehren wird die
Notwendigkeit wie die Möglichkeit einer Erlösung ausgesprochen. Man hat diese Uebereinstimmung der beiden Lehren
als Erlösungslehren betont [1]) und mit Recht, schon weil sich
darin das beiden gemeinschaftliche pessimistische Element
am deutlichsten kundgibt; aber man darf aus dieser Uebereinstimmung keine Gleichartigkeit machen, wie es der Philosoph am liebsten thäte [2]): denn das Objekt ist in beiden
Lehren nicht dasselbe: für Schopenhauer fällt die Erlösung
der Welt mit ihrer Verneinung zusammen, weil er von Anfang an die Existentia in notwendigen Zusammenhang mit
der Essentia stellt; das Christentum hingegen, welches das
Sein der Welt und ihre sittliche Beschaffenheit von den Be-
jahungen der Willensakte zweier verschiedener Persönlich-
keiten ausgehen lässt, fordert natürlich nur eine Verneinung
desjenigen Willens, dessen Bejahung die Welt ihre dermalige
— schlechte — Beschaffenheit verdankt, d. i. also des
menschlichen Willens; und weil demselben ursprünglich von

---

1) Cf. Pfleiderer, „Religionsphilosophie auf geschichtlicher
Grundlage", 2. Aufl., Berlin 1883 Bd. I, 558; desgl. Hugo Otczipka:
„Kritische Bemerkungen zur Weltanschauung Schopenhauer's". In-
augural-Dissertation; Leipzig Reudnitz 1892; S. 7 u. 23 f.

2) Cf. W. a. W. u. V. II, 707 ff.

einem über ihm stehenden, mit Intelligenz ausgestatteten
Willen die Alternative gestellt war, welche Beschaffenheit
der Welt er wolle, so bleibt nun, nachdem sich die erstmalig gewollte als schlecht herausgestellt hat, die Möglichkeit, falls jene Intelligenz die ursprüngliche Alternative er-
neuern sollte, anstatt dieser Beschaffenheit eine andere =
die ihr entgegengesetzte zu wollen. Nachdem aber die ursprüngliche Bejahung des Willens in Freiheit geschehen,
kann dieser Wille nur auch wieder frei verneint werden,
womit er dann zugleich die seiner bisherigen Richtung entgegengesetzte einnimmt.

Werfen wir wieder einen Blick auf den Gedankengang
Schopenhauer's. Er verlangt und muss seinen Prinzipien
gemäss verlangen einen Uebergang vom Sein zum Nichtsein;
aber wie wird derselbe bei ihm ermöglicht? Er schliesst:
der Wille strebt von Natur ewig fort, bis ihn der von ihm
selbst geschaffene Intellekt die Nutzlosigkeit seines Strebens erkennen lässt; hat er sie — in dem notwendigen Zusammenhang von Wollen und Leiden — erkannt, so sucht er das
wieder ungeschehen zu machen, was er bisher wollte. Hier
tritt der ursprüngliche Fehler dieses Systems wiederum hervor: der Wille soll absolut sein und doch wird er von seinem
eigenen Geschöpfe, dem Intellekt, korrigiert: das deutet entschieden auf ein ursprüngliches Prinzipat der Intelligenz über
das Wollen; dann aber ist nicht aller Existentia von vorneherein eine Essentia inhärierend [1]).

1) Paradox ausgedrückt, könnte man sagen, Schopenhauer habe
damit, dass er den Intellekt für ein Geschöpf des Willens (= des
Dinges an sich alles Seins) erklärt, die bis auf ihn hin geltende Anschauung über das Verhältnis von existentia und essentia geradezu
auf den Kopf gestellt, indem er die Essentia für ein Produkt der
Existentia ausgibt; jedenfalls kann man mit Recht behaupten, dass
er den gerade umgekehrten Fehler mache, wie der von Kant endgültig widerlegte ontologische Beweis, indem hier einem rein Ge-
dachten fälschlicherweise ein Sein, von ihm einem rein Scienden
(= der Materie als solcher) fälschlicherweise ein Denken zugeschrieben
wird, ein Fehler, welcher dem vom gewöhnlichen Materialismus
begangenen ähnlich ist.

Die Frage nach der Möglichkeit der Erlösung ist aber damit noch nicht erledigt; denn es kommt noch hinzu, dass beide Lehren das, was die Gattung bejaht, durch das Individuum verneinen lassen: das Christentum bestimmt wie Schopenhauer den Zusammenhang von Gattung und Individuum dahin, dass es den Einzelnen teil haben lässt an dem Thun und der Schuld der Gattung, so dass derselbe zunächst in seiner Existenz und dann auch in seiner Beschaffenheit von der Gattung abhängig ist; Schopenhauer lässt nun dieses Verhältnis ganz ausser Acht und gesteht die Möglichkeit des Austretens des Individuums aus diesem Kreise der Gesamtheit zu, und dadurch wird er hier, um mit der Thatsächlichkeit nicht in gar zu grossen Konflikt zu kommen, gezwungen, eine Unabhängigkeit der Essentia (moralische Beschaffenheit) von der Existentia (physische Beschaffenheit) zu statuieren; denn er lässt das Individuum in einer von der Gesamtheit überkommenen Existenz eine von der moralischen Beschaffenheit (= Essenz) der Gesamtheit unabhängige, ja ihr entgegengesetzte Beschaffenheit haben, d. h. mit anderen Worten, er gibt zu, dass man in der Welt leben könne, ohne von der Welt zu sein. Das Christentum nun gesteht auch die Möglichkeit zu, dass der Einzelne zu seinem durch die durch einen göttlichen Willensakt ins Dasein gerufene Gattung fortgepflanzten und ihm mitgeteilten Sein sich nach freiem Entschluss anstatt der allerdings von der Gattung überkommenen Beschaffenheit eine andere und entgegengesetzte wähle; aber es hat damit nur die schon ursprünglich angenommene Möglichkeit, die notwendige Existentia mit einer der Wahl des Menschen überlassenen Essentia zu verbinden, erneuert.

Indessen führen uns diese Erwägungen schon zur Wirklichkeit der Erlösung und damit zur Ethik, wie denn überhaupt dieser ganze Abschnitt auf das Gebiet der Moral hinüberweist und an seinem Teile wiederum den engen Zusammenhang von Schopenhauer's Metaphysik und Ethik bezeugt.

Bevor wir jedoch zur Ethik übergehen, wollen wir das Resultat dieses Abschnittes, welcher zugleich mit dem folgenden den wichtigsten der Abhandlung ausmacht, noch einmal in kurzen Worten zusammenfassen: Schopenhauer setzt den Zweck des Lebens in die Erkenntnis, dass man besser nicht existierte, das Christentum in die Erkenntnis, dass man so, wie man beschaffen ist, moralisch schlecht beschaffen sei; beidemale wird diese Erkenntnis gezogen aus der Welt und den Erfahrungen, welche man mit sich selbst gemacht. Darnach lässt sich von vornherein die Aufgabe des Lebens bestimmen: dort wird von der Ethik verlangt werden, von dem Sein nach dem Nichtsein zu streben, hier, anstatt dieses schlecht beschaffenen Seins sich ein anderes, gut beschaffenes anzueignen.

B) Ethik.

Indem Schopenhauer das Wesen der Welt in den Willen setzt und die Erkenntnis dieses Wesens vom Menschen ausgehen lässt, der sich selbst bezw. seinen Leib und dessen Thätigkeiten als die unmittelbare Objektivation seines Willens erkennt, ist er von vornherein bestrebt, die Ethik, als die Wissenschaft vom menschlichen Handeln, auf die Metaphysik, als die Wissenschaft vom Wesen der Welt, zu gründen; er lässt ja den Menschen aus seinen Handlungen auf sein eigenes und von hier aus per analogiam auf das Wesen der Welt schliessen und beides im Willen finden. So wird ihm, der auch hierin das gefährliche Erbteil des subjektiven Idealismus angetreten hat[1]), die Ethik zugleich zur obersten Wissenschaft[2]), welche jedoch als Wissenschaft den demonstrativen Charakter zu verlassen weder ein Recht noch, wie wir sehen werden, bei der Beschaffenheit des Menschen einen Anlass habe. Es wird sich daher im Voraus sagen

---

1) Vergl. Carl Prantl: „Die gegenwärtige Aufgabe der Philosophie", Festrede zur Vorfeier des 93. Stiftungstages der Akademie der Wissenschaften"; München 1865, p. 12: „Dies aber ist das untrügliche Wahrzeichen des gesamten neuen subjektiven Idealismus, dass die ganze Philosophie in das Handeln, in die Ethik ausläuft".

2) W. a. W. u. V. II, 676.

lassen, dass manche bedeutende Winke und Aufschlüsse über seine metaphysischen Ansichten uns aus seinen ethischen Anschauungen zukommen werden, ja, dass wir erst nach Darstellung seiner Ethik seine Metaphysik dem Gehalte ihrer Wahrheit und ihres Irrtums nach werden beurteilen können. Ueber die Berechtigung solch' engen Zusammenhanges von Metaphysik und Ethik kann man verschieden urteilen; die Thatsache selbst kommt uns jedenfalls -- wie schon angedeutet — für unseren Vergleich nur zu Statten; denn auch die metaphysischen Tendenzen des Christentums empfangen Beleuchtung, Verständnis und Berechtigung erst von der christlichen Ethik aus.

1. Quelle des sittlichen Handelns.

Drei Grundtriebfedern des menschlichen Handelns werden angenommen[1]): 1) der auf das eigene Wohl bedachte, naturgemässe und darum ursprüngliche Egoismus, 2) die unnatürliche, fremdes Wehe beabsichtigende Bosheit; 3) das nur auf fremdes Wohl gerichtete Mitleid. Alle vom Egoismus eingegebenen Handlungen sind moralisch verwerflich, noch mehr die aus Bosheit geübten, während wirklich moralischer Wert nur den aus Mitleid entsprungenen zukommt. Das in der menschlichen Brust als unleugbare Thatsache vorhandene Mitleid ist sonach die Quelle alles sittlichen Handelns, welches, in die Form eines sittlichen Gebotes gebracht, seinen reinsten Ausdruck in dem Satze: neminem laede, immo omnes, quantum potes, juva findet. Dieser Satz ist der oberste Grundsatz der Ethik; ihm entsprechen zwei Klassen von moralischen Handlungen: seinem negativen Teile die Handlungen der Gerechtigkeit, welche sich damit begnügen, dem Nächsten kein Unrecht zuzufügen, seinem positiven die (höheren) der Menschenliebe, welche dem notleidenden Nächsten hilfreichen Beistand leisten. Wie das Mitleid die Basis aller freien Gerechtigkeit — δικαιοσύνη οὐρανία im Gegensatz zu der durch egoistische Rücksichten be-

---

1) Cf. Gr. d. M. p. 210.

dingten $\delta\iota\varkappa\alpha\iota\sigma\sigma\acute{v}\nu\eta$ $\pi\acute{\alpha}\nu\delta\eta\mu\sigma\varsigma$ [1]) — und aller ächten Menschenliebe (= caritas, $\dot{\alpha}\gamma\dot{\alpha}\pi\eta$) ist, so lassen sich aus diesen bei-
den Cardinaltugenden hinwiederum alle übrigen Tugenden
theoretisch ableiten und gehen praktisch aus ihnen hervor.
Wir fragen: genügt es also, den Menschen zu lehren,
Mitleid üben, um ihn sittlich gut zu machen? und erhalten
die Antwort: Es würde genügen, wenn die Tugend lehrbar
wäre, aber sie ist es eben nicht; die Ethik vermag zwar die
moralische Triebfeder aufzudecken, aber nicht, auch sie in
Thätigkeit zu versetzen; darum werden alle Gesetze die
Menschen in ihrem Wesen nie besser machen, auch die Religion, mag sie die beste Moral predigen, wird nie Moralität
bei ihren Anhängern bewirken können [2]); denn velle non
discitur (Seneca), vielmehr operari sequitur esse (Schola-
stiker): das Handeln des Menschen entspricht genau der Beschaffenheit seines Seins, weshalb eine bestimmte Handlung
bei gegebenen Motiven mit Notwendigkeit eintritt; durch
Lehre und abstrakte Erkenntnis aber lässt sich der Charakter nur schärfen für die Empfänglichkeit der Motive, während er in seinem Wesen unverändert bleibt (daher im Alter
der Charakter zwar deutlicher, aber nicht als ein anderer,
als der er in der Jugend war, sich zeigt); es lassen sich
zwar die Wege und Mittel des Thuns und Wollens berich-
tigen, aber der letzte Zweck desselben bleibt unverrückt:
nur Legalität, nicht Moralität des Handelns kann durch
Motive erzwungen werden [3]); denn der Charakter ist angeboren und darum konstant. Damit ist jedoch die Verantwortlichkeit nicht aufgehoben; sie ist nur aus dem Gebiete
des Operari — der Erscheinung — in das des Esse — des
Dinges an sich — verlegt [4]); das Sein des Menschen aber ist

---

1) Gr. d. M., p. 216.
2) Gr. d. M., p. 201 f.
3) Gr. d. M., p. 255.
4) Ueber den also von Schopenhauer erneuerten Kant'schen Begriff des intelligiblen Charakters vergl. R. Falckenberg, „Ueber
den intelligiblen Charakter; zur Kritik der kantischen Freiheits-
lehre"; Halle 1879; sowie E. v. Hartmann: „Phänomenologie des

sein eigenes Werk und von dem Sein kann die Beschaffenheit desselben nicht getrennt werden; also: aus unserem Thun erkennen wir, was wir sind; unser Sein aber ist wesentlich Leiden; aus unserem Leiden erkennen wir, was wir verdienen [1]).

Es drängt sich die Frage auf: wie kommt denn Mitleid zu Stande, wenn nicht auf dem Wege der Lehre und abstrakten Erkenntnis? Der Vorgang des Mitleids wird uns als ein durch intuitive Erkenntnis gewirkter, mysteriöser bezeichnet. Diese intuitive, durch keine Lehre, kein Beispiel [2]) zu erzeugende Erkenntnis ist die der Identität aller Wesen in Bezug auf das Ding an sich (= die Durchschauung des principii individuationis) zu der, eben, weil sie von der Verstandesbildung unabhängig ist, alle hindurchdringen könnten, wenn sich nicht bei den Meisten der Wille zum Leben dem widersetzte [3]).

Diese intuitive Erkenntnis ist darnach die metaphysische Basis der Ethik, deren empirische Basis uns im Mitleid angegeben wurde.

Auf solche Weise glaubt Schopenhauer das seit Sokrates der Philosophie gestellte Problem, nämlich „die Kraft, welche das Phänomen der Welt hervorbringt, . . . in Verbindung zu setzen mit der Moralität der Gesinnung", ein Problem, welches der Theismus auf eine kindliche, für die herangereifte Menschheit nicht mehr genügende Art gelöst, allererst wirklich und endgültig gelöst und damit die einzige moralische Triebfeder aufgedeckt zu haben, „der sich eine reale, ja ausgedehnte Wirksamkeit nachrühmen lasse" [4]).

So weit Schopenhauer.

Wenn der Philosoph den Egoismus für die natürliche

---

sittlichen Bewusstseins", Prolegomena zu jeder künftigen Ethik. Berlin 1879; 2. Abt. III, 6: das Moralprinzip der transscendentalen Freiheit.

1) Cf. Par. II, 243.
2) Ueber den Einfluss des Beispiels vergl. Par. II, 253 ff.
3) Cf. W. a. W. u. V. II, 690.
4) Cf. W. a. W. u. V. II, 675 ff. u. Gr. d. M., p. 233.

Triebfeder des menschlichen Handelns erklärt und dem
gegenüber wahre Moralität der Gesinnung aus der Erkenntnis der Identität aller Wesen in Bezug auf das Ding an sich
ableitet, so hat er damit der Menschennatur wohl die richtigen Motive ihres Handelns abgelauscht und hat auch die
christliche Anschauung in diesem Punkte auf seiner Seite;
denn auch hier wird der, welcher alle Menschen als Brüder
in Gott, dem Vater, erkannt und darum seine Hilfe allen in
gleichem Masse zukommen lässt, für moralisch gut erklärt.
Consequent mit sich selbst hat ferner Schopenhauer diese
Erkenntnis sich als Mitleid äussern lassen, in welchem alle
wahren Tugenden wurzelten; denn, wenn das Sein der Welt
und des Menschen insbesondere ein Leiden ist und nichts
anderes und es uns unmöglich ist, die Anderen davon zu befreien, weil allem Sein Schuld und in deren Gefolge Leiden
wesentlich ist, so muss man sich eben begnügen, mit den
Menschen zu leiden.

Man hat Schopenhauer den Vorwurf gemacht, diese moralische Triebfeder wäre zu enge; denn die Wirklichkeit lehre
uns, dass auch solches Handeln tugendhaft — weil das Wohl
der Gesamtheit fördernd — ist, welches nicht dem Mitleid
entspringt [1]. Der Vorwurf ist relativ berechtigt, aber der
Philosoph ist eben, wie wir gezeigt haben, nach seinen Voraussetzungen zu diesem Verstosse gegen die Wirklichkeit
gezwungen. Freilich, wo man die Möglichkeit zugesteht,
dass des Menschen Beschaffenheit nicht notwendig an seine
Existenz gebunden ist, und deshalb eine Befreiung von dem
Leiden, welches dem Menschen anhaftet wegen seiner ursprünglichen Entscheidung für diese bestimmte Beschaffenheit, ohne Aufgabe der Existenz zugibt, da kann man die
Negation, in welcher Schopenhauer stecken bleiben muss,
überwinden und das Wohl der Gesamtheit ebenso wie zum
Ziele, so auch zum Motiv des sittlichen Handelns machen.

Auch in der Art und Weise, wie er die Erkenntnis der

---

1) So u. a. Joh. Mich. Tschoffen: „Die Philosophie A. Schopenhauer's in ihrer Relation zur Ethik". München 1879, p. 76.

Wesenseinheit Aller bewirkt werden lässt, zeigt Schopenhauer eine grosse, von ihm auch mit Stolz betonte[1]) Aehn-
lichbkeit mit dem Christentum, welche Aehnlichkeit allerdings von unserem Denker teuer erkauft werden muss, da
sie sein System in dessen Grundfesten erschüttert.

Nicht durch Lehre und nicht durch Beispiel, sondern
auf mysteriöse Art, gleichsam durch Gnadenwirkung kommt
nach seiner Anschauung diese intuitive Erkenntnis[2]) und
jenes Mitleid zu Stande. Indem wir es auf sich beruhen
lassen, ob ohne Reflexion und Gebrauch des Verstandes eine
generalisierende Erkenntnis zu Stande kommen kann, prüfen
wir lieber die negative Seite dieser Lehre, in welcher ja ihre
Stärke zu beruhen pflegt.

Socrates soll Unrecht haben: Tugend lasse sich nicht
lehren; denn unser Charakter ist angeboren und von uns
selbst als dieser gewollt, weshalb wir auch für ihn verant-
wortlich sind. Mit letzterer Behauptung erneuert Schopenhauer die schon von Kant gelehrte Selbstprädestination des
Individuums in einem vorzeitlichen Zustande; da er aber zugleich eine Urschuld der Gesamtheit angenommen, so ent-
steht ein nicht zu verkennender Dualismus zwischen Individualität und Ding an sich[3]), welchen der Philosoph durch

---

1) Cf. W. a W. u. V. I, 477 ff.

2) Ueber den Unterschied von intuitiver und abstracter Erkenntnis vergl. W. a. W. u. V. I, 452.

3) Offen eingestanden wird dieser Dualismus Par. II, 243: „Hier-
aus folgt . ., dass die Individualität . . nicht durch und durch Erscheinung ist, sondern, dass sie im Dinge an sich, im Willen des
Einzelnen wurzelt ; denn sein Charakter ist individuell. Wie tief
nun aber hier ihre Wurzeln gehen, gehört zu den
Fragen, deren Beantwortung ich nicht unter-
nehme". Vergl. hiezu O. Plümacher: „Der Pessimismus
in Vergangenheit und Gegenwart". Heidelberg 1884, p 131:
„Am verhängnisvollsten für Schopenhauer's System erweist sich
die widerspruchsvolle Unsicherheit über die Tiefe, bis in welche
die Wurzel der Individuation reicht, da wo aus dem tiefen
Dunkel seiner weltschmerzlichen Weltbetrachtung die Morgenröte
einer Erlösungshoffnung aufsteigen soll". — Uebrigens ist dieser

Annahme einer Palingenesie zu lösen resp. zu verwischen
sucht. Da soll nämlich [1]) in einer Reihe von einander ab-
hängiger Individuen das je folgende den Intellekt des je vor-
hergehenden überkommen und so der Intellekt sich stufenweise verbessern, bis es ihm schliesslich gelingt, über den
Willen, dessen Diener er ursprünglich war, Herr zu werden.
Ohne diese verbesserte Seelenwanderungstheorie, auf
welche, wenn auch in etwas anderer Form, Platon und selbst
Lessing [2]) verfielen, an sich angreifen zu wollen, möchten
wir nur konstatieren, dass sie in das uns vorliegende System
schwerlich hineinpassen dürfte: denn wenn von Anfang an
mit der — überall und allezeit gleichen — Existenz eine
bestimmte Essenz verknüpft sein soll, so muss diese, weil
eine bestimmte, auch eine stets sich gleich bleibende sein;
dann muss aber auch der Intellekt, als in welchem diese
Essentia nur zum Bewusstsein kommen soll, stets der näm-
liche sein und kann nicht stufenweise vollkommener werden.
Aber selbst die Möglichkeit und Richtigkeit dieser ganzen
Theorie zugegeben, sie ist auch nicht einmal dazu angethan,
den besagten Widerspruch zu lösen. Denn wenn der Zusammenhang von Mutter und Kind, welches von jener den
Intellekt überkommen soll, ein so enger ist, wie Schopenhauer behauptet [3]), so kann hier von einer Selbstprädestination überhaupt nicht gesprochen werden. Und selbst
dieses noch zugegeben, warum macht der Philosoph den lan-
gen Umweg? Wenn es einmal möglich ist, dass aus einem
sittlich schlechten Menschen ein sittlich guter wird, warum
ihn nicht gleich selbst diesen Uebergang vornehmen lassen,

Dualismus wiederum bedingt durch die ursprüngliche Annahme des
notwendigen Verbundenseins von Existentia und Essentia, da in der
Existenz die Uebereinstimmung des Seienden, in der Essenz die
Wurzel der Freiheit und Individualität gelegen ist.

1) Siehe S. 23.

2) Vergl. Lessing, „Die Erziehung des Menschengeschlechts"
§. 94—100; insbes. §. 98: „Warum sollte ich nicht so oft wieder-
kommen, als ich neue Kenntnisse, neue Fertigkeiten zu erlangen
geschickt bin"?

3) Vergl. W. a. W. u. V. II, Kapitel 43.

zumal bei der Idealität der Zeit, die doch auch sonst betont wird? Freilich. man glaubt eben, der Widerspruch wird weniger bemerkbar, wenn man ihn durch einige Glieder hinschleppt. Es bleibt ja doch immer die Frage: Wie kann der Intellekt auch nur ein wenig besser werden? Wenn alle Sittlichkeit auf einer intuitiven Erkenntnis beruht, so tritt diese ein oder sie tritt nicht ein. Aber es wird sich eben darum handeln, ob nicht doch auch durch Lehre die Menschen einer Besserung entgegengeführt werden können.

Vorher machen wir noch darauf aufmerksam, dass auch das Christentum innerhalb einer gewissen Sphäre nur Notwendigkeit, auch des Handelns, kennt: soferne nämlich der Mensch, wie von Natur, sittlich schlecht ist, werden alle seine Handlungen sittlich verwerflich sein; soferne er aber sittlich gut ist, werden auch alle seine Handlungen dieser sittlichen Güte gemäss ausfallen, ohne dass damit eine Stetigkeit des sittlichen Handelns ausgesprochen wäre; denn auch der sittlich Gute kann zeitweilig und vorübergehend in den Zustand des sittlich Schlechten zurückfallen, weil eben dieser Zustand der natürliche ist. Das Zustandekommen aber eines Ueberganges von unmoralischem zu wahrhaft moralischem (= gottgewolltem) Handeln wird vom Christentum als eine Gnadenwirkung von Seite desjenigen bezeichnet, der dem Menschen schon erstmalig die freie Entscheidung betreffs seiner sittlichen Beschaffenheit überlassen und nun, nachdem sich der Mensch für das Wider-Gott- und damit Schlechtsein entschieden hatte, ihm die Möglichkeit, sich entgegengesetzt zu entscheiden, abermals einräumt, welche Gnade von allen ergriffen werden könnte, wenn nicht die Meisten ihr Wille zu diesem (= sündhaftem) Leben davon zurückhielte. Und die läuternde Macht des — Schuld anzeigenden — Leidens wird auch im Christentume betont; aber, dass alle Lehre und alles Beispiel für die Annäherung an das wahrhaft moralische Handeln wertlos, ist eine Anschauung, zu der sich eine selbstgefällige Orthodoxie in dem Bestreben, den Unterschied zwischen dem natürlichen Menschen und dem Menschen Gottes zu einem unüberbrück-

baren zu machen, bekennen mag und auch bekannt hat;
dem objektiv zusehenden Christen jedoch muss sich die
Gewissheit aufdrängen, dass auch der noch nicht im
Mittelpunkte der göttlichen Gnade Stehende in einem
gewisse Masse sittliches Handeln üben kann, wie denn auch
Schopenhauer, der also hierin auf Seite des falsch verstan-
denen Christentums steht, nicht umhin kann, gegen seine
eigene Anschauung zu verstossen: Gerade seine Ansicht von
der Entstehung wahrer Moralität widerlegt seine Lehre
von der Unveränderlichkeit des Characters: mag immer-
hin eine Gnadenwirkung denen zu gute kommen, die
den Schleier der Maja durchschauen dürfen, so setzt
Gnade doch stets Würdigkeit voraus, wenn sie nicht in Will-
kür übergehen soll. Wodurch aber sind die einen Individuen
dann würdiger als die anderen, wenn doch alle gleich verschuldet sein und ohne solche Gnadenwirkung dieser Schuld
nicht sollen entbunden werden können? Der Philosoph wird
hinter seine Lehre von der Palingenesie flüchten; aber das
zeigt nur, dass er eben thatsächlich eine Annäherung des
Einzelnen an wahre Moralität ohne diese Gnadenwirkung
zugibt; denn dann kann es eben nur abstrakte Erkenntnis
sein, welche den Intellekt der Individuen stufenweise so ver-
vollkommnet, dass das letzte Individuum einer solchen Reihe
der Gnadenwirkung auch würdig ist. Also es muss doch
ein Suchen und auch teilweises Finden des natürlichen Menschen vorangehen, bevor ihm aus Gnaden das rechte Ziel
gezeigt wird. Freilich nach seiner Grundannahme vom Zusammenfallen des physischen und moralischen Seins konnte
Schopenhauer dies nicht offen zugeben; denn damit würde
er ja das moralische Sein vom physischen unabhängig gemacht haben; aber da er, wie schon angedeutet, den behaupteten notwendigen Zusammenhang der beiden Seinsweisen doch noch leugnen muss, wenn er die Realität des
moralischen Handelns nicht in Abrede stellen will, so hätte
er ja ruhig schon hier eine Schöpfung zerschmettern können,
deren ewige Dauer ihm doch gewiss an diesem Punkte nicht
mehr sicher war.

Was nun noch die Uebereinstimmung der Schopenhauer'schen Lehre von der Gnadenwirkung, deren Annahme
in letzter Instanz ein Freiheitsakt von Seite des Menschen
sei, mit der christlichen Lehre von der Wiedergeburt (ob-
jectiv) und Bekehrung (subjectiv) betrifft, so wurde dieselbe,
wie erwähnt, teuer erkauft: der Philosoph wagt sich hier
auf ein Gebiet, mit dessen Betretung er seine ganze Philosophie, die doch nur aus der Anschauung der Wirklichkeit
ihre Probleme ziehen und lösen will, unterminiert; denn,
wie wir am Anfang des Systems ein Subjekt des Wollens
vermissen, so jetzt ein solches des Wirkens, und, was noch
schlimmer ist, dieses Subjekt muss offenbar ein anderes sein
als jenes; denn ihre Wirkungen negieren sich. Freilich
wollte sich Schopenhauer über diesen ihm sicher nicht unbekannt gebliebenen Dualismus hinwegtrösten mit dem vielleicht ihm so viel sagenden, in einem philosophischen System
aber thatsächlich nichts sagenden Worte „mysteriös“. Wir
wissen, wodurch auch dieser Dualismus verschuldet ist: er
hat am Anfange nur ein Ding an sich als Wille und das
Produkt desselben, weil es ein Produkt des Wollens ist, für
schlecht erklärt; wenn er nun doch auch wirkliche Moralität
konstatieren will, dieselbe aber aus jenem ersten Prinzipe
nicht abzuleiten vermag, so wird durch ein von der Unmög-
lichkeit des Begreifens zeugendes Wort allen weiteren Fragen
das Recht gewehrt.

2. Wesen und Gebiet des sittlichen Handelns.

Die empirische Basis der Sittlichkeit ist das Mitleid,
ihre metaphysische die Erkenntnis der Identität aller Wesen
in Bezug auf das Ding an sich. Der sittlich Gute erkennt
also in jedem Geschöpf sein „Ich noch einmal“ (das „tat
twam asi“ des Veda[1]), erkennt den Schmerz der ganzen
Welt, auch den der Tiere — denn auch sie sind in Bezug
auf das Ding an sich mit uns identisch — als seinen eigenen,
und diese Erkenntnis, wie sie ihn mit der ganzen Welt lei-

---

[1] Vergl. Par. II, 234 u. Gr. d. M. 271 f.

den lässt, wird für ihn zum Quietiv alles Wollens; er bricht
daher den alle wahre Moralität untergrabenden Egoismus,
d. h. er verneint frei den Willen zum Dasein und Wohlsein,
und um diese Verneinung, gegen welche der Wille zum
Leben sich stets von neuem sträubt, energisch und vollständig durchzuführen, greift er zunächst zur Askese[1]), deren
höchste Stufe die freiwillige und freudige Ertragung des
Todes ist, welcher dann nicht nur die Erscheinung, sondern
das Wesen selbst aufhebt; sodann verhilft ihm auch das
vom Schicksal über ihn verhängte Leiden als eine δεύτερος
πλοῦς[2]) dazu, bei jener Verneinung zu beharren.

So sieht der Philosoph in Heiligen und Mönchen sein
Ideal, und gerade hier wird am deutlichsten, wie nahe sich
seine ästhetische und ethische Weltanschauung berühren, so
dass ein gegenseitiges Einwirken beider auf einander nicht
ausgeschlossen zu sein scheint: dort nur ein zeitweiliges
Aufgeben des Willens und Vergessen des eigenen Ich und
statt dessen rein anschauendes und erkennendes Sichver-
senken in die Welt der Ideen, hier ein — wenn auch anfangs
durch manche Kämpfe mit dem sich stets wieder bejahen
wollenden Willen zum Leben unterbrochenes, — schliesslich
doch stetiges Verneinen des eigenen Willens und glückseliges,
statt des Unfriedens im Reiche der Bejahung, ewigen Frieden
atmendes, weil eben willenloses Anschauen. Hier tritt zugleich auch der Zusammenhang mit der Metaphysik wieder
deutlich hervor; denn wer also mit dem Willen zum Leben
freiwillig gebrochen hat, der hat damit Zweck und endgül-
tiges Ziel seines Daseins erreicht; er ist aus der Welt der
Bejahung, des Irrtums, der Schuld und des Leidens einge-
treten in die Welt der Verneinung, der Wahrheit, des Frie-

---

1) Askesis wird in W. a. W. u. V. I, 463 definiert als „vor-
sätzliche Brechung des Willens, durch Versagung des Angenehmen
und Aufsuchen des Unangenehmen, die selbstgewählte büssende
Lebensart und Selbstkasteiung, zur anhaltenden Mortifikation des
Willens".

2) Vergl. ebenfalls W. a. W. u. V. I, 463 u. II, 724 ff.

dens und der Glückseligkeit, aus der Welt, die er, ohne zu
wissen, warum, begehrte, in die, welche das gerade Gegen-
stück jener ersten Welt ist, weshalb wir auch ihre Beschaffenheit nur negativ angeben können, ja, sie als Nichts bezeichnen müssen, so lange wir diese Welt für Etwas halten,
wie aber umgekehrt „denen, in welchen der Wille sich ge-
wendet und verneint hat, diese unsere so sehr reale Welt,
mit allen ihren Sonnen- und Milchstrassen — Nichts ist" [1]).

Der grösste und berechtigtste Vorwurf, der die Schopenhauer'sche Ethik trifft, ist der, dass sie thatsächlich gar
keine Ethik ist, weil sie zugleich mit dem bösen Thun alles
positiv gute Thun negiert und so in einen jeder wahren
Ethik fremd sein sollenden Quietismus ausartet, in welchem
an die Stelle wahrer Moralität eine an der Kraft des eigenen
Könnens verzweifelnde Askese tritt [2]). Dieses Grundgebre-
chen aber, welches bei konsequentem Gedankengange des
Systems sich einstellen musste, zeugt deutlich von dem Zusammenhange, in welchem diese Ethik mit der christlichen
steht: denn auch die falsche Auffassung des Christentums
im Mittelalter führte zu demselben, wahrhaft sittliches Han- .
deln aufhebenden Resultate. Zwar dass der Weg zur Erlösung durch die Selbstverleugnung geht, und dass es eines
stetigen Kampfes gegen den Willen, der diese Welt zu bejahen ständig bestrebt ist, bedarf, das sind echt christliche
Ideen, durch deren äusserliche Uebereinstimmung mit den
seinigen der Philosoph sich soweit blenden liess, dass er
seine Ethik der christlichen vollständig identisch erachtete.
Aber nicht nur, dass das wahre Christentum für das negierte

---

1) W. a. W. u. V. I, 487.
2) Cf. E. v. Hartmann: „Phänomenologie des sittlichen Bewusstseins", p. 46: „Auf alle Fälle kann die Mortifikation des Willens durch Quietismus und Askese nur vermittelst einer eigentümlichen Verblendung für ein Mittel zur Finalemanzipation des Individuums vom Leben als solchen angesehen werden, als ein Auswuchs
orientalischer Phantasiemystik, dessen Uebertragung in die Sprache
moderner Metaphysik als ein gänzlich verfehlter Gedanke Schopenhauer's bezeichnet werden muss".

schlechte Wollen ein anderes — und dann eben gutes —
Wollen verlangt, also nicht die Existenz des Wollens an sich,
sondern nur die Art und Weise und Richtung desselben betont; auch des Philosophen Verlangen einer Verneinung des
Willens lässt sich mit den Mitteln seiner Philosophie nicht
begreifen; vielmehr kommt hier, nur in anderer Art, derselbe, allerdings nicht ausgesprochene Dualismus zum Vor-
schein, den wir am Ende unseres vorigen Abschnittes schon
konstatieren mussten: denn das ist ja schlechterdings unmöglich, dass ein Wollen sich allein deshalb, weil es sich
für irrtümlich und schlecht erkennt, selbst negiere, da ein
Wille nur durch einen ihm überlegenen Willen gebrochen
oder in seiner Richtung geändert werden kann. Schopenhauer lässt die Verneinung des Willens zum Leben durch
Askese und (intuitive) Erkenntnis des fremden, wie Erfahren
eigenen Leidens zu einer dauernden werden; das Wollen soll
also negiert werden, weil es das Leiden als ein stets mit
Schuld behaftetes zeigt. Schon in A, 1 ergab sich die Frage,
wo die Intelligenz zu suchen sei, die das Verhältnis von
Schuld und Strafe normiere; jetzt kommt die andere hinzu,
wie diese Intelligenz ein Wollen an sich bestrafen könne, da
Strafe doch nur ein solches Wollen treffen kann, welches
dem im Sinne des Strafenden rechten Wollen entgegengesetzt
ist. Dann aber ergeben sich zwei Arten des Wollens, die
nun allerdings gegen einander wirken können und von denen
das Christentum das eine als in der Richtung für Gott, das
andere als in der Richtung wider Gott verlaufend annimmt;
dann ergeben sich aber auch für eine bestimmte Existentia
zwei mögliche Arten der Essentia.

Auf die Schlussworte des ersten Bandes seines Hauptwerkes geht wohl vornehmlich die bereits mitgeteilte Behauptung Schopenhauer's, er habe auf das Gebiet des Illuminismus hingewiesen, ohne es zu betreten. Wir wollen dahin gestellt sein lassen, ob ein Philosoph das Recht hat,
einerseits auf ein uns ganz unbekannt sein sollendes Gebiet
hinzuweisen, womit er es als ein reales anerkennt, andrerseits uns dasselbe als ein dieser Welt gerade entgegengesetzt

beschaffenes hinzustellen, zu welch' letzterer Behauptung er
doch nur durch irgend welche Erfahrungen gelangen kann[1]);
das jedenfalls ist bedeutsam, dass Schopenhauer neben dieser
Welt noch eine andere kennt, und vor allem, dass er diese
Welt als die Möglichkeit gelten lässt, zu jener zu gelangen
und insoferne also doch sein System mit einem Optimismus
krönt[2]). Man erkennt übrigens hierin sofort ein neues An-
lehnen an das Christentum, so schlecht sich's auch ausnimmt
bei einem Denker, der sonst sein grösstes Verdienst darein
setzt, auf eigenen Füssen zu stehen.

An dieser Stelle, wo das Gebiet des sittlichen Handelns
in Frage steht, lässt sich auch am besten die Anschauung
unseres Philosophen von dem Verhältnis zwischen Mensch
und Tier besprechen: Wenn das Mitleid durch die intuitive
Erkenntnis der Wesenseinheit aller Geschöpfe wachgerufen
wird, so muss sich dasselbe auch auf die Tierwelt, welche
eine Objektivation desselben einen Urwillens, nur auf einer
niedrigeren Stufe seiner Erscheinung ist, erstrecken, und zwar
nach des Philosophen Meinung im Verhältnis der Intelligenz,
mit welcher die einzelnen Tiere ausgestattet sind, da die
Fähigkeit zum Leiden mit der Steigerung der Intelligenz
gleichen Schritt hält[3]).

Ob Schopenhauer die Moral des Christentums in Hin-

---

1) Es lässt sich also in dieser Beziehung die Inkonsequenz
Kant's in seinen Ansichten von dem Dinge an sich ganz ebenso bei
Schopenhauer wieder finden.

2) Cf. Par. II, 233 f.: „es steckt ein gutes und erlösendes
Prinzip in diesem Sansara, welches zum Durchbruch kommen und
das Ganze erfüllen und befreien kann", sowie W. a. W. u. V. I, 479:
„Hinter unserm Dasein nämlich steckt etwas Anderes, welches uns
erst dadurch zugänglich wird, dass wir die Welt abschütteln". —
Schön sagt Kuno Fischer in seinem eben erschienenen Werke
„Arthur Schopenhauer" (VIII. Band seiner „Geschichte der neueren
Philosophie"), Heidelberg 1893. Seite 477: „Eine erhabene und reli-
giöse Verklärung des Pessimismus kennzeichnet die Eschatologie der
Lehre Schopenhauer's".

3) Cf. Gr. d. M., p. 245.

sicht ihrer Vorschriften über das Verhalten des Menschen
der Tierwelt gegenüber mit Recht eines tadelnswerten und
unverzeihlichen Mangels beschuldigt, der sie unter die vom
Brahmanismus und Buddhaismus gepredigte Moral stelle[1]),
ist ein Problem, dessen Beantwortung nicht in den Rahmen
der vorliegenden Arbeit gehört; wenn wirklich, so würde es
sich wohl zur Genüge aus dem eigentümlichen Gesichtspunkte
erklären, unter welchem die moralischen Gebote und Ver-
bote des Alten und Neuen Testamentes verstanden sein
wollen, nämlich dem, zu zeigen, wie aus einem natürlichen
Menschen ein Mensch Gottes werden kann und soll. Hiermit
aber weist dieses Problem zurück auf die grundsätzliche
Anschauung des Verhältnisses von Mensch und Tier, woraus
sich dann von selbst das Verhalten des ersteren gegen das
letztere ergeben wird: das Christentum nun glaubt, wie
schon erwähnt, an eine notwendige, durch die ursprüngliche
Bestimmung der Tierwelt, auf und für den Menschen ge-
schaffen zu sein, bedingte Hineinziehung jener in die Schuld
und dermalige Beschaffenheit des Menschen, welche Hineinziehung jedoch nach endgültiger Tilgung jener Schuld und
Aenderung dieser Beschaffenheit wieder aufgehoben werden
wird, ohne dass damit die ursprüngliche Bestimmung der
Tierwelt eine Aenderung erlitte; Schopenhauer dagegen lässt
die Tiere zwar teilhaben an der Urschuld des Willens, hält
sie aber von ihnen selbst aus nicht für fähig der nur vernunftbegabten Individuen möglichen Erlösung; diese Erlösung
macht vielmehr auch er[2]), gleichwie das Christentum, vom
Menschen und dessen eingetretener Erlösung abhängig, allerdings nicht ohne damit einen, infolge der verfehlten Grundannahme im Laufe des Systems schon des öfteren hervor-
getretenen und auch hier wieder, nur nach einer anderen
Seite hin sich zeigenden Dualismus (von Wille und Intellekt

---

1) Cf. Gr. d. M., p. 238 ff.; Par. II, 396 ff.
2) Vergl. W. a. W. u. V. I, 450: „Die übrige Natur hat ihre
Erlösung vom Menschen zu erwarten, welcher Priester und Opfer
zugleich ist".

= existentia und essentia) mit Hilfe einer bei ihm ganz unmotivierten Annahme zu lösen.

3. Realität des sittlichen Handelns.

Von einer durch keine Abstraktion bedingten und darum allen Menschen möglichen intuitiven Erkenntnis wurde die wahre Sittlichkeit (= Mitleid mit allen Geschöpfen) und zugleich der Weg zur Erlösung aus einem selbstverschuldeten, leidvollen Dasein abhängig gemacht; auf der anderen Seite wurde als das Natürliche der solcher Erkenntnis gerade entgegengesetzte Egoismus bezeichnet. So ist es erklärlich, dass trotzdem nur wenige jene Moral üben und damit diese Erlösung erlangen werden; vielmehr sind es Thorheit und Grausamkeit, welche in der Welt herrschen, und nur wenigen Auserwählten wird, den einen ein hohes Mass von Wissen, den anderen ein wahrhaft sittliches Thun verliehen, so zwar, dass beides, Wissen und Thun, weil nicht gegenseitig bedingt, darum auch nicht sich entsprechen muss.

Betrachtet man diesen Abschnitt der Schopenhauer'schen Lehre ohne Rücksicht auf das System, so wird man wohl mit dem Denker einverstanden sein können. Denn der Vorwurf, den man erhoben hat, eine Ethik, die keine Allgemeingültigkeit habe, sei keine Ethik [1]), trifft auf unseren Denker nicht zu; denn Schopenhauer behauptet ja, dass an sich alle Individuen zur intuitiven Erkenntnis zu gelangen und damit moralische Handlungen zu vollführen vermögen [2]); zudem befindet er sich, wenn er infolge des natürlichen Egoismus die weitaus meisten Individuen an der Durchschauung des principium individuationis verhindert sein lässt, in Uebereinstim-

---

1) So Tschoffen a. a. O. p. 68: „Eine Ethik, die keine Allgemeingültigkeit hat, ist keine Ethik. Soll eine Ethik existieren, so muss wenigstens die Möglichkeit vorhanden sein, dass alle Individuen moralische Handlungen vollführen können".

2) Vergl. hiezu besonders W. a. W. u. V. II, 690: „ . . . alle ächte Tugend . . . ist . . nicht die Folge einer besonderen Ueberlegenheit des Intellekts; vielmehr ist selbst der Schwächste hinreichend, das principium individuationis zu durchschauen".

mung mit der christlichen Religion, welche auch nur Wenige
den an sich allen offen stehenden schmalen Pfad der Tugend
finden lässt. Weil aber beide Anschauungen bei der Wirklichkeit des sittlichen Handelns zusammenkommen, so können wir, denen es auf den Nachweis der Uebereinstim-
mungs- und Differenzpunkte in beiden Weltanschauungen
ankommt, sowohl den genannten, als auch überhaupt
jeden gegen die Schopenhauer'sche Ansicht von dem Verhältnis der Möglichkeit und Wirklichkeit des sittlichen Handelns anderwärts erhobenen Einwand übergehen.

Indessen, gerade der Umstand, dass Schopenhauer in
Hinsicht der Realität des sittlichen Handelns der Wirklichkeit gerecht wird, entzieht seinem Systeme das Fundament[1]);
der Philosoph konnte nach seinen Prinzipien ein sittliches
Thun auf Erden unbedingt nicht zugeben; denn wenn alles
Sein schuldbehaftet und darum sittlich schlecht ist, so kann
man sittlich gut nur werden durch Nichtsein. Ganz tref-
fend bemerkt daher Friedrich Nietzsche über diese
Inkonsequenz in den Grundsätzen seines Meisters: „Ein Pessimist, ein Gott- und Weltverneiner, der vor der Moral Halt
macht, der zur Moral Ja sagt . . . .: wie? ist das eigentlich
— ein Pessimist"[2])? Schopenhauer wird auch den Widerspruch, in welchen er hier mit sich selbst gerät, gewahr und
hält es darum in seiner Preisschrift über die Grundlage der
Moral für nötig, die Realität des sittlichen Handelns ausdrücklich zu betonen[3]); freilich soll es ein Ausnahmezustand,

---

1) Cf. Haym: „Arthur Schopenhauer", Berlin 1864, p. 32: „In
der Ethik hält das Schopenhauer'sche System ein letztes Gericht
über sich selbst, von dessen Verdikt keine Appellation mehr möglich ist".

2) S. Nietzsche: „Jenseits von Gut und Böse". Vorspiel einer
Philosophie der Zukunft 2 Aufl, 1891. V. Hauptstück: Zur Natur-
geschichte der Moral, S. 105.

3) S. Gr. d M, p. 204: „Sollte aber dennoch jemand darauf be-
stehen, mir das Vorkommen aller solcher [nämlich der freien Ge-
rechtigkeit] Handlungen abzuleugnen, dann würde ihm zufolge die
Moral eine Wissenschaft ohne reales Objekt sein, gleich der Astro-

ein Widerspruch der Erscheinung mit sich selbst sein [1]).
Man hat diese letzte Behauptung mit Recht einen „offen-
baren und unerträglichen Widersinn" genannt [2]), wer wird
denn auch, nachdem er auf einem Grundgedanken ein ganzes
philosophisches System aufgebaut, an der Spitze desselben
plötzlich eine Ausnahme statuieren? Damit ist ja das ganze
System unterminiert und muss über kurz oder lang in die
Luft fliegen: Wenn die Existentia notwendig mit der Essentia verknüpft ist, dann kann es unmöglich geschehen, dass
man seine Essentia vertausche und doch seine Existentia
beibehalte; wenn aber das letztere gleichwohl möglich ist,
dann muss der Grundgedanke des Schopenhauer'schen Systems ein falscher sein, dann ist eben doch zu scheiden zwischen Existentia und Essentia und dann hat des Philosophen
eifrigster „Apostel" über die Lehre seines Meisters eine
herbe Kritik geübt mit den Worten: „Widerspruch in den
Grundgedanken ist viel tötlicher für ein System, als Widersprüche in einzelnen, untergeordneten Ausführungen" [3]).

IV. Der Zusammenhang zwischen den Ideen Schopenhauer's und denen des Christentums.

Die Darstellung und Kritik des Schopenhauer'schen
Systems hat gezeigt, dass diese Philosophie einen Wahr-
heitsgehalt hat; aber sie erlangt ihn vielfach nur dadurch,
dass sie ihr Grundprinzip, welches den notwendigen Zusammenhang von physischer und moralischer Beschaffenheit behauptet, verleugnet, eine Inkonsequenz, welche allerdings
nicht umgangen werden konnte, wenn nicht die ganze Welt

---

logie und Alchimie". Uebrigens wird mit diesen Worten dem Leser nur
Sand in die Augen gestreut; denn eine Realität, die sich nicht durch
die Erfahrung als solche ausweist, lässt sich durch keine Notwendigkeit beweisen.

1) Cf. W. a. W. u. V. I, 339. 476.

2) Cf. Thilo a. a. O. VIII, p. 32.

3) S. Frauenstädt's „Einleitung" zu seiner Ausgabe von
Schopenhauer's Werken, p. 64.

des Sittlichen als eine reale in Abrede gestellt werden sollte. Aehnlich wie vor ihm Kant, hat sich Schopenhauer selbst widerlegt; denn es lässt sich aus den Prinzipien, welche er der philosophischen Forschung an die Hand geben will, das Resultat seiner Philosophie nicht erklären; vielmehr ist es eine unbestreitbare und auch von seinen selbständigen Anhängern anerkannte Thatsache[1]), dass er nicht mit dem uninteressierten Blicke des reinen Beobachters an die Erklärung des Thatsächlichen heranging, sondern dass gerade im Gegenteil sein Denken mehr als billig und erlaubt unter der Gewalt seines Fühlens stand; daraus aber erwächst ihm um so eher ein Vorwurf, als er dem Gefühle eine ganz untergeordnete und unwürdige Stelle in seiner Philosophie anweist[2]).

Um nun das Verhältnis des Denkers zur Religion im Allgemeinen und zum Christentum im Besonderen zu bestimmen, muss man seine S. 4—10 mitgeteilten Anschauungen über Religion und Christentum gegenwärtig haben. Ed. v. Hartmann urteilt[3]) über dieselben also: „In der Religionsphilosophie steht Schopenhauer ganz auf indischem Boden und erkennt das Christentum gerade nur insoweit an, als es in den mönchisch-asketischen Erscheinungen seiner katholischen Vergangenheit indische Vorbilder wiederholt.

---

1) Cf. E. v. Hartmann: „Zur Geschichte und Begründung des Pessimismus“, Berlin 1880, p. 68 f: „man erhält [bei Schopenhauer] anstatt einer unbefangenen wissenschaftlichen Analyse nur zu oft die Expektorationen subjektiver Affekte und Stimmungen und die pathetischen Uebertreibungen abnormer, persönlicher Dispositionen, mit anderen Worten, eine Mischung von wissenschaftlichen Betrachtungen und unwissenschaftlichen persönlichen Herzensergiessungen“.

2) Nach Schopenhauer ist der Inhalt des Begriffes Gefühl ein rein negativer, da er alles enthalte, was „nicht Begriff, nicht abstrakte Erkenntnis der Vernunft“ sei; so liegen in ihm „die verschiedensten, ja feindlichsten Elemente ruhig neben einander“; cf. W. a. W. u. V. I, 61.

3) E. v. Hartmann, „Philosophische Fragen der Gegenwart“, Leipzig-Berlin 1885, p. 33.

Für eine positive Würdigung des Judentums und des Protestantismus mangelt Schopenbauer jeder Sinn". Man wird
dieses Urteil unterschreiben können, nur muss dabei berück-
sichtigt werden, dass Schopenbauer, wie schon erwähnt, seine
mit den buddhistischen und brahmanistischen oft identischen
Ideen nicht aus der indischen Religion übernommen zu haben
versichert. Allerdings könnte sich die Frage erheben, ob der
Philosoph in seiner Ansicht von dem Ursprung und der Entwickelung seiner Philosophie nicht sich selbst täusche, da er
ja thatsächlich als junger Mann durch Friedrich Majer zu
Weimar mit der indischen Philosophie vertraut gemacht
wurde, und eine Untersuchung in dieser Beziehung würde
Manches zum richtigen Verständnis und zur richtigen Beurteilung des vorliegenden Systems beitragen. Indessen, da
diese Frage hier nicht beantwortet werden kann, so halten
wir uns eben an das System als solches, seine Uebereinin-
stimmung mit Brahmanismus und Buddhismus ausser Acht
lassend, wozu wir nach den angeführten Aeusserungen des
Philosophen ein Recht zu haben glauben; dann wird aber
auch unser Urteil über den Zusammenhang der Ansichten
des Denkers und der christlichen nicht zugleich eine Beurteilung des Verhältnisses von Buddhismus und Christentum sein.

Auch so sind wir mit Ed. v. Hartmann einverstanden.
Der Grund aber, warum Schopenbauer's Ansichten von Religion und Christentum unrichtige sein müssen, liegt darin,
dass die Geschichte, als welche sich nur mit der Erscheinung und nicht mit der Idee beschäftige [1]), von ihm unge-
hört als Lügnerin bei Seite gesetzt wird, und dieses hinwiederum musste er, weil er die Freiheit der Individuen in
ihrem zeitlichen Sein leugnet. Damit aber ist er bei einer
Beurteilung der Welt von vorneherein gezwungen, seinen
Standpunkt ausserhalb der Welt, die er nur anschauen, in
der er aber nicht auch leben will, zu nehmen, d. h. trans-
scendent zu werden, wie es denn auch kein Zufall ist, dass

---

1) Vergl. W. a. W. u. V. I, 215; II, 501 ff.; Par. II, 479 ff.

gerade Plato, dieser „ohne Vergleich transscendenteste Philosoph des vorchristlichen Altertums" [1]) neben Kant und Ari-
stoteles sein Lieblingsphilosoph ist: der Welt nur beob-
achtend gegenüberstehend und noch dazu sein Auge lieber
den Schatten-, als den Lichtseiten zuwendend, sieht er dann
den Erdball zwar ewig sich rollen, aber die Menschen auf
ihm scheinen ihm stets gleich schlecht zu bleiben; er weiss
nicht, was sie waren und was sie sind, weil er nicht unter
ihnen lebt und mit ihnen fühlt. Weil er aber von dem
mächtigen religiösen Faktor Gefühl nichts weiss und seinen
Prinzipien gemäss nichts wissen darf, vermag er in der Religion nur ein theoretisches Verhalten des Menschen zu erkennen, darum ist ihm die Wurzel des wissenschaftlichen
Bedürfnisses zugleich die des religiösen, die Religion eine
„Metaphysik des Volkes". Allerdings in seiner Lehre von
der Gnadenwirkung und Annahme derselben von Seite des
Menschen lässt er es zu einem Verhältnis zwischen dem
Unendlichen und Endlichen kommen. Damit fällt plötzlich
ein Sonnenstrahl aus einer anderen Welt in sein System;
aber der helle Schein passt nicht zu dem mystischen Dunkel,
das uns bisher in jenem umgab, und geblendet vermag der
Philosoph auch nicht die Sonne zu erkennen, deren wärmen-
den Strahl zu fühlen er nicht umhin kann [2]). Da er aber
ein Subjekt der Gnadenwirkung nicht kennt, so muss für
ihn auch die Entwickelung einer Religion, welche eben nur
eine Entwickelung dieses Verhältnisses ist, verloren gehen;
denn kann man sich schon die Setzung eines ethischen Verhältnisses nur von Person zu Person geschehend denken, so
noch viel mehr die Entwickelung des gesetzten Verhältnisses;

---

1) Cf. Par. II, 372.

2) Dahin wird man auch das Urteil v. Hartmann's a. a O.
p. 33: „. . . zur Gewinnung eines religiösen Verhältnisses zwischen
dem Menschen und dem absoluten Weltwesen fehlt bei ihm (Schopenhauer) jeder Anlauf . . . ." modifizieren müssen; einen Anlauf
zur Gewinnung eines solchen Verhältnisses macht Schopenhauer
schon, aber da ihn derselbe abseits von der eingeschlagenen Bahn
führt, ist er gezwungen, auf halbem Wege wieder umzukehren.

darum konnte der Philosoph auch den kultischen Handlungen, in welchen die jeweilige Auffassung dieses Verhältnisses ihren Ausdruck findet, in seinem Sinne keinen religiösen Wert beimessen; ebensowenig durfte er etwas wissen von dem mächtigen religiösen Faktor Gefühl, welches das Organ dieses Verhältnisses ist.

Haben wir nach dem Gesagten nicht viel auf das Urteil Schopenhauer's über Religion und darum insbesondere auch über die christliche Religion zu geben, so vielleicht etwas mehr auf die religiösen Ideen seiner Philosophie, von denen es sich für uns fragen wird, ob sie in irgend welchem Zusammenhange mit den christlichen Ideen stehen.

Für die Beurteilung des Systems nach dieser Seite ist die Versicherung Schopenhauer's von Wichtigkeit, er habe sich nie „vermessen, eine Philosophie aufzustellen, welche keine Fragen mehr übrig liesse" [1]). Unter den Fragen, die unbeantwortet blieben, wird die wichtigste diejenige nach dem Verhältnis von Individualität und Ding an sich sein; denn von der Art ihrer Beantwortung ist der Charakter der Ethik bedingt; hiezu kommen dann, als gleichfalls grundlegende, die Frage nach dem intelligenten Subjekt, welchem die mit grösster Zweckmässigkeit ausgestattete Welt ihre Entstehung verdankt, sowie die nach dem — von diesem ersteren notwendig verschiedenen — Subjekte, welches aus Gnade einzelne Auserwählte das principium individuationis durchschauen lässt. Diese drei Fragen aber spielen auf das Gebiet der Religion hinüber; denn Gott als Schöpfer und Erlöser und Willensfreiheit des Einzelnen muss ihre Antwort heissen. Schopenhauer freilich will diese Antwort nicht gelten lassen; er verlangt von einem Philosophen, dass er ein Ungläubiger sei [2]) und erklärt die Leugnung der Willensfreiheit für ein gemeinsames Merkmal aller tiefer denkenden Geister [3]). Indessen, so sehr er sich auch sträubt, die Dar-

---

1) W. a. W. u. V. II, 679.
2) Ueber den Willen in der Natur, XV Anmerkung.
3) Gr. d. M., p. 59.

4

stellung hat gezeigt, dass sein System gerade in diesen drei
wichtigsten Punkten, am Anfang und am Ende und in seinem
Hauptproblem, über sich hinausweist und zwar eben auf jene
Annahmen, wie wir sie auch im Christentum ausgesprochen
finden. Dadurch jedoch endigt seine Philosophie mit einem
schroffen Dualismus; denn dem Pantheismus, welcher in der
Metaphysik zur Erklärung ausreichte, gesellt sich in der
Ethik ein energischer Individualismus bei und neben der dort
entschieden und ausdrücklich behaupteten Immanenz wird
hier plötzlich auch eine Transscendenz desjenigen Prinzipes
zugegeben, welchem man die Stelle Gottes in dieser Philosophie anweisen könnte. Wenn man daher gegenüber den
mancherlei Ansichten, von denen die einen jeden Zusammenhang Schopenhauer's mit dem Christentum leugnen, die
anderen die Philosophie ihres Meisters, gleichwie er selbst[1]),
als die einstige Stellvertreterin und den künftigen Ersatz
des Christentums bezeichnen, gesagt hat: „Das Richtige ist
dies, die Philosophie Schopenhauer's als eine religiös bedingte, durch religiöse Gedanken beeinflusste Lehre zu fassen, aber als nichts mehr"[2]), so möchten wir hinzufügen,
dass sie uns thatsächlich von christlichen Ideen beeinflusst
zu sein scheint. Dafür spricht zunächst die des öfteren hervor-
getretene Uebereinstimmung in den Resultaten beider
Lehren, welche dann aber keine zufällige, sondern eine notwendige ist; ein weiterer Beweis ist die, wie oben dargethan, notwendige Ergänzung des vorliegenden Systems durch christliche Ideen und vor allem zeigt sich die Abhängigkeit dieser
Philosophie von christlichen Anschauungen in der Entwickelung der von Schopenhauer begründeten philosophischen
Schule, welche sich mit Eduard von Hartmann „bereits auf
theistisches Gebiet zu retten beginnt"[3]) Denn es lassen

---

1) Cf. Par. II, 336: „man könnte meine Lehre die eigentliche
christliche Philosophie nennen".

2) So Otezipka a. a. O. p. 64.

3) Cf. Karl Peters: „Weltwille und Willenswelt", Studien und
Kritiken zu einer Weltanschauung, Leipzig 1883: „Ich behaupte

sich aus einem Organismus im Laufe der Zeit nur solche
Organe herausentwickeln, welche in ihm schon anfänglich
der Anlage nach enthalten waren. Falls diese Annäherung
an den Theismus in gerader Linie sich fortsetzt, dann kann
die Entwickelung der von Schopenhauer begründeten und
von Ed. v. Hartmann fortgeführten philosophisch-theologi-
gischen Weltanschauung bis zu ihrem Abschluss hin ver-
glichen werden mit derjenigen, welche der Deismus von
Herbert von Cherbury bis auf Kant im Grossen durchge-
macht hat: in beiden Fällen werden die Wahrheiten des
Christentums rationalistisch umgedeutet und ihnen alle die
Stücke benommen, welche man für widersinnige und un-
wesentliche Zuthaten hält; mit der Zeit aber wird man
gewahr, dass man gerade das Wesentlichste negierte, ohne
welches das Zurückbehaltene nicht völlig erklärt zu werden
vermag.

Wir geben also Schopenhauer und seinen Anhängern
gerne zu, dass zwischen ihrer Philosophie und dem Christentum in manchen Punkten Uebereinstimmung bestehe; aber
diese ist, wie gesagt, keine zufällige, nur in den Resultaten hervortretende, sondern eine notwendige, bedingt
durch die ursprüngliche Aufnahme allerdings verzerrter und
abgeschliffener christlicher Ideen in das philosophische
System. Nicht aber wird man es gelten lassen dürfen,
wenn Deussen diese Philosophie ein „geläutertes Christentum" nennt[1]) vielmehr wird jeder, der gerne zu Ende

---

positiv, dass die Philosophie des Unbewussten den Uebergang vom
Pantheismus zum Theismus darstellt. Die Willensphilosophie, nachdem sie an den Einseitigkeiten und Schwächen des Pantheismus ge-
scheitert ist, beginnt mit Ed. v. Hartmann auf theistisches Gebiet
sich zu retten. Nur dass derselbe auf halbem Wege stehen bleibt,
nur dass er selbst vielleicht über diese Wendung sich nicht einmal
klar geworden ist. Aber die Prämissen zu einer solchen Weltanschauung sind bei ihm gegeben, nur die Conclusio braucht noch
gezogen zu werden"; vergl. ferner Pfleiderer's „Religionsphilosophie" Bd. I, 586 f.

1) S. p. 3.

denkt, keinen Anstand nehmen, dem Verfasser der „Welt als Wille und Vorstellung" den Vorwurf, welchen er dem Protestantismus macht [1]), zurückzugeben und gerade seine Philosophie als „abgestumpftes oder vielmehr abgebrochenes Christentum" zu bezeichnen.

[1]) S. S. 9.

Lebenslauf.

Ich, Wilhelm Schmidt, Sohn des Kgl. Eisenbahnofficials a. D. Georg Schmidt in Nürnberg, bin am 29. August 1871 in Nürnberg geboren und habe in meiner Vaterstadt die Vorschule, sowie im August 1890 das alte humanistische Gymnasium absolviert. Im Oktober 1890 wurde ich an der Friedrich-Alexanders-Universität als stud. theol. immatrikuliert und habe bis zum heutigen Tage ununterbrochen der hiesigen Universität als Bürger angehört. Neben den sämtlichen H. H. Professoren der Theologie, vornehmlich dem nun verewigten Geheimrat Ritter v. Frank, hörte ich in der philosophischen Fakultät: Einleitung in die Philosophie und Logik, alte, neuere und neueste Geschichte der Philosophie, sowie Aesthetik bei H. Professor Dr. Falckenberg, Religionsphilosophie und Psychologie bei H. Professor Dr. Class, ausserdem verschiedene Vorlesungen der H. H. Professoren Dr. Dr. Iwan von Müller, Rabus, Eheberg, Selenka, Fleischmann. Auch besuchte ich drei Semester hindurch das philosophische Seminar des Herrn Professor Dr. Falckenberg, unter dessen Anleitung ich die Kritik der reinen Vernunft, die meditationes de prima philosophia des Des Cartes und gegenwärtig Lotze's Mikrokosmus zu lesen das Glück hatte. Allen den genannten hochverehrten H. H. Professoren bin ich zu grossem Danke verpflichtet für die mannigfache Belehrung und Anregung, die ich von ihnen, teils im Hörsaal, teils im persönlichen Verkehr empfangen habe; besonders aber schulde ich solchen Dank H. Professor Dr. Falckenberg, der mir nun schon im fünften Semester ein liebevoller Lehrer ist und dessen gütigen Rates ich mich auch bei Anfertigung meiner vorstehenden Abhandlung stets habe erfreuen dürfen. Auch an dieser Stelle möchte ich ihm dafür meinen besten Dank sagen.